# 羅門

創作大系

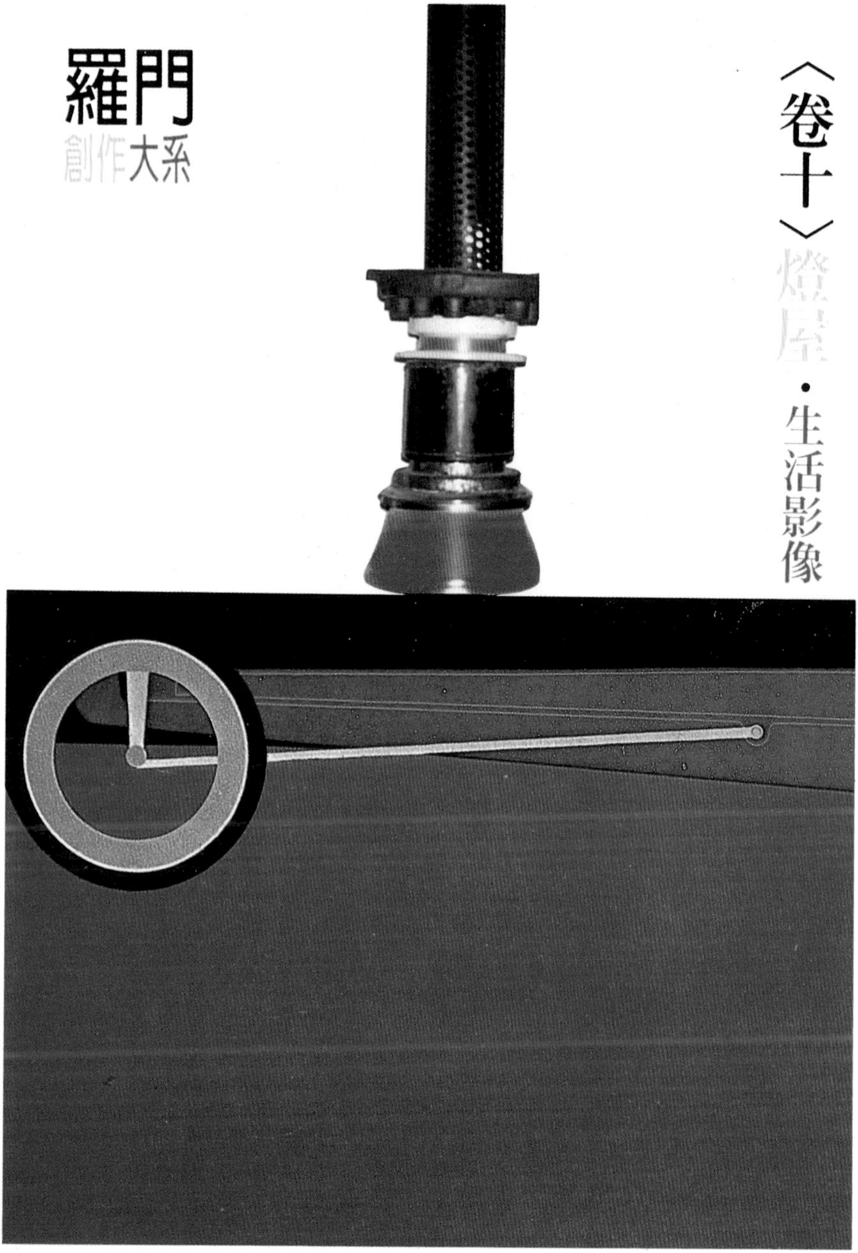

〈卷十〉燈屋・生活影像

誠以這系列中的十本書，做為禮物，獻給同我生活四十年、在創作中共同努力、給我幫助最大的妻子——女詩人蓉子。

每當我讀她的「一朵青蓮」與「維納麗沙組曲」等詩，那是我同其他詩人都無法只靠技巧與文字所能寫的詩——那是在人類高次元的情思世界中、以特有的內在生命機能與心靈纖維，所編織的具體可知、可感、可見的「雅典」「純摯」與「高潔」的情境，蘊含有宗教性的虔誠，在開放的內心感應磁場中，我的感動確實是超越常情與私情的；純粹是站在「詩」與「人」溶合的「天地線」上，所引起的；也不必在此故意隱瞞，因而，我這十本書，便不只是獻給我親愛的妻子——王蓉芷，也是獻給我敬愛的女詩人——蓉子。同時更是獻給所有愛護與關心我的讀者大眾，給我更多的批評與鼓勵，

羅　門

羅門創作大系〈卷十〉

# 燈屋・生活影像 目 次

## I 燈屋造型空間

○○二 ・前 言
——燈屋藝術的造型空間 羅門
○○八 ・燈屋影像圖片
○三九 ・詩心之光，思維之門
——羅門燈屋後現代藝術造型空間之遐思 戴維揚
○四四 ・燈屋的溫情
○四五 (1)無題之秋〈贈羅門、蓉子伉儷〉 張默
○四七 (2)千燈室印象——訪羅門蓉子之燈屋 向陽
○五○ (3)初訪燈屋二帖 商略

(4)燈屋——給詩人羅門蓉子伉儷　林泉　○五二
・附錄(1)四十年來到「燈屋」的國內外文藝界與文化界人士留影　○五五
造訪燈屋的各界人士　○七二
・附錄(2)　○七四
燈屋接受雜誌、報章與電視採訪報導目錄　○七五
・附錄(3)　○七八
燈屋的故事　蓉子　○七九
燈屋與我　羅門　○八六


## II 藝文生活影像


・引　言　羅門　○九六
・回到年青的時候　○九七
・掃瞄鏡中的一些光影　一一一

# I

# 燈屋造型空間

# 前言

## ——「燈屋」藝術的造型空間

羅門

「燈屋」的整個生活空間是在組合藝術（ASSEMBLAGE ART）觀念下、利用視覺藝術中的繪畫性、雕塑性與建築性的三種「合能」，來經營一個具體且含有詩質的現代裝置藝術（INSTALLATION ART）的美感空間架構，整體看來，它除了是一件裝置藝術作品；同時也是一首具體可用眼睛來看的視覺詩。

基於「燈屋」在生活空間環境的美化上，顯示出它的某些特色，傳播媒體包括不少種報章雜誌乃至電視都曾多次的予以報導，更感到人情味的，是有不少名詩人、名畫家，以及名雕塑家、名音樂家、名導演以及名藝評家與學者教授都曾光臨「燈屋」；前次來臺的國際著名眼鏡蛇畫派理論家兼詩人隆貝特（LAMBERT）與國際名畫家哥賀內依（CORNELLE）也曾在燈屋歡聚，這都多少給「燈屋」帶來另一些光彩與傳奇性。

「燈屋」除了使實用的生活空間，成爲藝術的生活空間，尙值得一提的，是「燈屋」也同時成爲我一些創作理念與觀念的實驗室。譬如：

(1)我強調詩人與藝術家在創作時，是另一個「造物者」，他應該以開放的心靈，去吸收世界上美好的一切，同時要有溶化與轉化一切的能力；能將所有已出現的藝術主義與流派以及「古、今、中、外」等時空狀況，均視爲材料。於是在我製作「燈屋」的燈的各種造型時，便有古代的，也有現代的；有東方的，也有西方的。但它們是相互而不排斥地共同存在於整個「燈屋」相渾和的美感空間裡；同時，在我以整座樓頂所完成的那件裝置藝術作品中，也的確或多或少的含有「具象」、「抽象」、「超現實」、「立體觀念」、「達達」、「普普」、「硬邊」、「極限表現」、「環境」、「裝置」等主義與派別的形質，但它並不屬於純一的某一派別，它是溶合各種派別的有機因素，最後透過繪畫性、雕塑性與建築性三種視覺功能，而製作出一整體性的實視美感空間，最後還是要去面對整個視覺「空間」與「造型」所創造出的「美」的強度與實力及其特殊的原創性，而不只是去印證某一主義，因此又可說明我下面的創作⑵理念。

⑵我認爲藝術創作者，應是創造方法的；而不是被方法創造的，至少也應將任何「方法」視爲材料，在創作時，將之溶化予以全新的再造生命呈現，具有自我的特色與風格。

⑶在「燈屋」的純粹造型符號中，我是任由方形、長方形、三角形與圓形，自由的組合，交疊與運作，以達到造型的存在與變化，而加強與繁富視覺空間活動的美感效果。

⑷在「燈屋」的具有生命與精神象徵性的符號中，我企圖掌握三個較特殊且重要的基型：

①直展型：象徵人類不斷向頂端突破與超越的精神狀態。

②圓型：象徵圓渾穩定與和諧的生命狀態。

③螺旋型：包括有衍生的「圓型」以及層層向上昇越的「直展型」。既有穩定圓厚的

實底，也有向上突破的尖端；既有旋進去看不見底的生之奧秘；也有不停地旋上去的望之無窮的仰視。於是，螺旋型也被我視為人類創作生命與文化向前推進的完美基型—精神的螺旋塔。「燈屋」也因此成為一個詩與藝術的螺旋型世界，我也曾為它寫了一首近百行的長詩「螺旋型之戀」：

## 螺旋型之戀

「在我的燈屋裡，唱盤旋出螺旋形的年輪；樂音旋成螺旋形的心靈世界。螺旋形，深且看不到底；進去，也不易出來。所以，螺絲釘便是屬於那種堅定與釘了而不易拔出來的東西。而這種戀，究竟是屬於那一種戀呢？是對愛人、對生命、對整個世界與宇宙之存在嗎？都任你去想吧！」

門窗緊閉　示以堅然的拒絕
簾幕垂下　完成幽美的孤立
外面是消失在遠方的風
裡邊像波流涉及岸
全然絕緣後的觸及
是驟然在空氣中誕生的鐘之聲　電之光
這一塊純美的空間
養一林鳥聲　著滿天雲彩

在目之外　座標之外　門牌之外
被鑽石針劃著大理石與水晶的紋路
　連耶穌的芒鞋也不知它通往那裡
透明似鏡　光潔似鏡
我便愛人般專情　順著旋律的螺旋梯
　跌入那把握不住的迴旋的傾向裡
直至心抓穩了那快活的死　我方醒來
鳥目醒在一樹綠色裡
一幢別墅坐著夏日明麗的花園
讓那光輕輕地從葉縫裡灑下來
讓那景靜靜地風景著視境
讓那聲無聲地在那聲裡迴響
我已感知那靠岸的汽笛聲
探視的眼神沿著紅氈已找到那顆鑽戒
怎樣也流不盡葡萄園裡的甜蜜
　看不停噴水池裡的繽紛
　拾不完睡嬰醒時眼中的純朗
驚喜得如水鳥用翅尖採摘滿海浪花

滿足得如穀物金黃了入秋的莊園
當音樂的流星雨放下閃目的珠簾
世界便裸於此　死心於此
　像含情的眼睛裸在凝望裡
　　綠蔭死心在光與葉交纏的林中

多麼豪華的幽會
在凱撒與上帝都缺席的那次夜宴裡
我輝煌的神　以我的眼睛爲座椅
電唱頭不停地啃著唱盤裡不死的年輪
一顆螺絲　爲掛牢一幅畫在心壁上而鑽出聲來
一個渦漩　爲扭斷鐘錶的雙槳而旋轉的不停
沉靜的光流　自燈罩下的斜坡滑下
我的臉容是一塊仰首在忘懷河上的岩石
透明似鏡　光潔似鏡
收容一林鳥聲　反映滿天雲彩
划入眼睛的藍湖
燈入罩　臉罩紗
景物以乳般的光滑與柔和適應我的視度

迴旋樂以千槳搖不醒我的醉舟
圓舞曲盪水波成圈　繞花朵成環
我便昏倒在那看不見圓也看不見弧的圓弧裡
　如太陽昏睡在旋轉不停的星系中
再也看不清聖誕樹與火藥樹開的花
只感知那隨著你無限地去的遠方
　是一隻在睡中也飛的青鳥
　是浪已飛成翅膀的那個海

在那無邊無底地迴旋的空間裡
純淨得連空氣都出去　眼睛也隱入那深深的凝視
永恆此刻不需襯托　它不是銅與三合土揉成的
也不是造在血流上朽或不朽的虹橋
它只是一種無阻地旋進去的方向
　一種屬於小提琴與鋼琴的道路
　一種用眼睛也排不完的遠方
　一種醒中的全睡　睡中的全醒
　一種等於上帝又甚於上帝的存在

一九六四年

燈屋

羅門與蓉子夫婦的生活空間，除了愛與溫馨之外，處處洋溢著詩與美的藝術氣息。

燈與畫的串連・光與色的揉和

·11· 燈屋造型空間

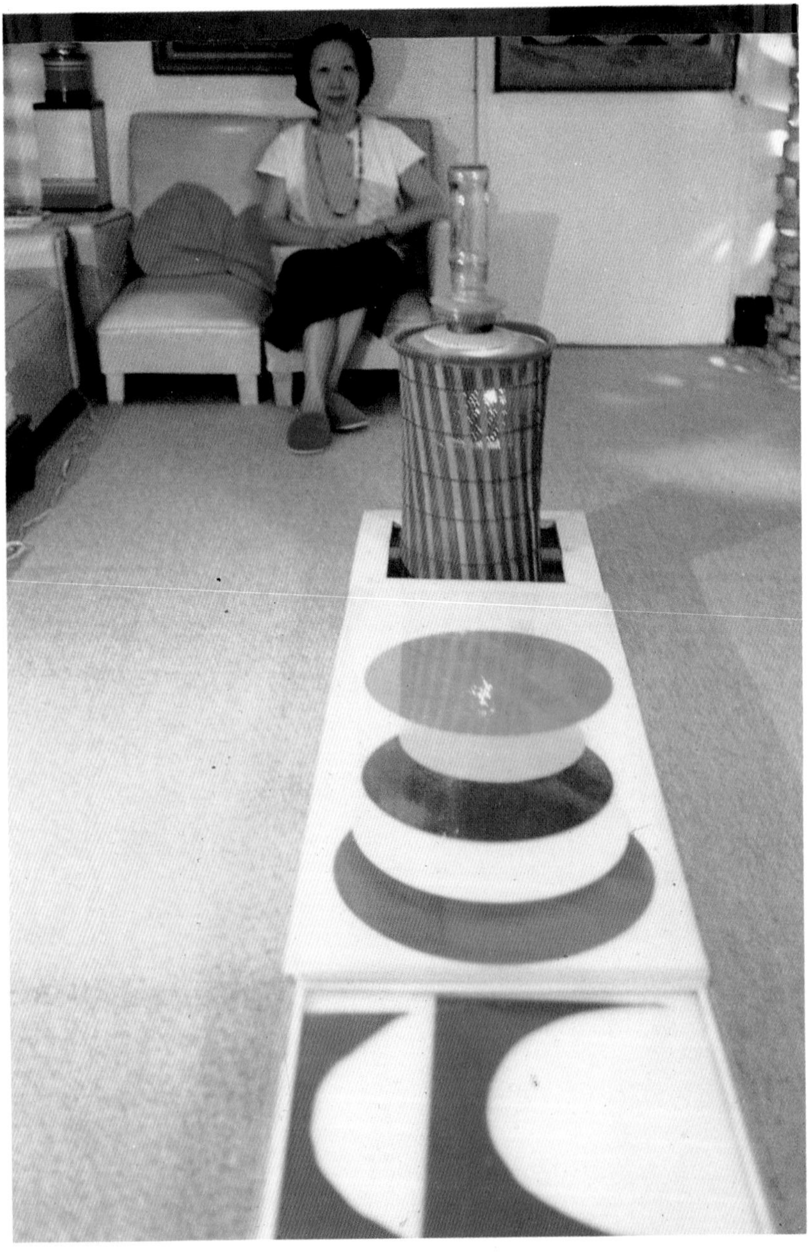

·13· 燈屋造型空間

「燈屋」第一盞具有「燈塔」意象的燈〔四十四年四月（1955年））

這盞燈，螺旋型，用蒸籠製作，
蒸的不是包子餃子，而是一籠籠
的光

讓這些破籐椅向上組合
成一座光的螺旋塔

為製作一頂光的冠冕，
這盞燈便誕生了

在這樣疊架的色層裡
光彩便不能不結成蓓蕾了

如果燈光到了頂點，靜成一朵禪，燈的造型就得像一座東方的寺塔

如果用光來建築，西方都市的摩天樓與帝國大廈的造型，是可以參考的

這是一盞亮在內心第三自然
山水中的長明燈

那是從燈屋向星月發射的一
座太空梭，戴運着光、詩與
藝術飛行。

在衆燈的多面疊構裡，所有的上端，是光的頂點，也是張開的光面；點與面之間，便有無窮盡的視線牽着世界與歲月。

·21· 燈屋造型空間

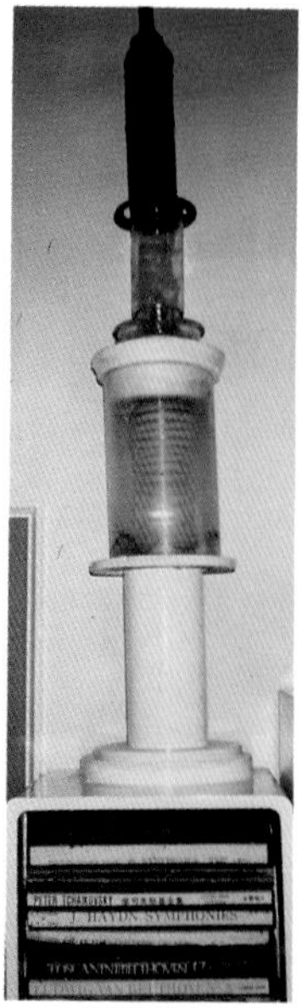

沿着螺旋型，所有的燈光都具有向上不斷突破與超越的尖端

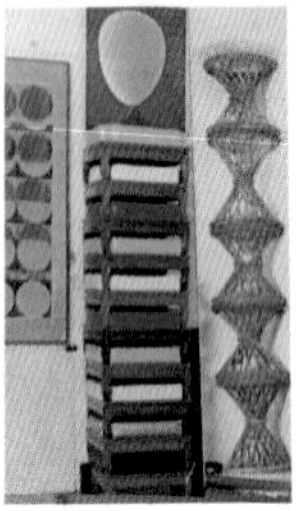

光可以用三角形、方形、長方形疊起來，
也可以孕育在圓渾裡

燈屋在舉行光的夜宴與演唱會，參與者
是隱約在無數光影中的無數造型。

下面是單純的一元，解構成上面多元繁複的存在時，仍是在整體上形成新的秩序與統一性。

佛洛依特說它是少女的乳房；
容格說它是天國的門鈴。

如果天空也有紅心與血管，它的
樣子大概便是這樣

所有的嘴在吸著大地的乳房

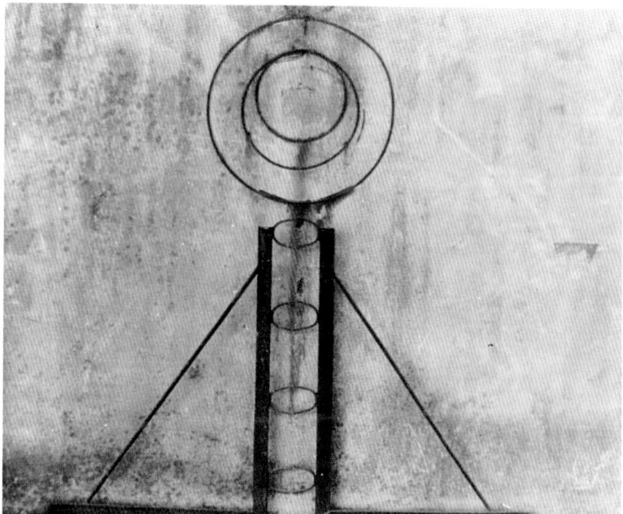

它的完美性，是由圓、三角形與方形都忘掉自己溶合在一起而成，究竟像什麼，姑且說是一座山頂住整座天空在旋轉。

如果看來它像出家的人，便是那個「出」字在限制你的想像，其實你也可想一出門，滿街都是輪子在轉，最好是看它純粹的造型與結構

燈屋把速度與時間變調的迷幻性與輕微的矇矇美紀錄下來

詩眼看世界

只能給天空騎的一隻木馬，因它會飛

門內門多
兩棵詩的語言之
樹，在光中進行美
的對話

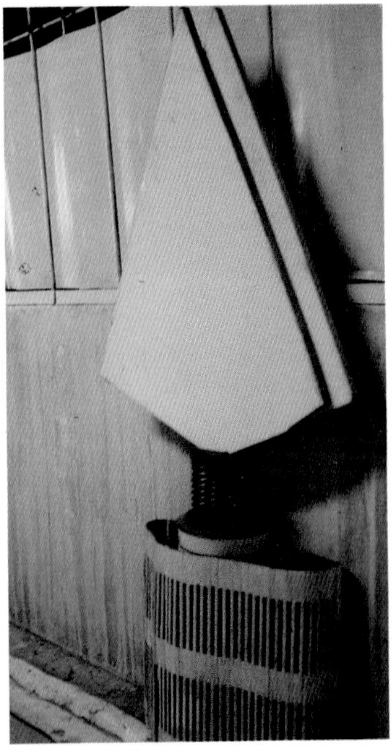

燈屋是光的世界，它便
是一隻永遠在光中飛行
的「白翼鳥」

乘著燈屋裡的燈球，進入時空的隧道，進行詩與藝術的探訪

穿過重重疊疊的架構，將一切在光中昇越到美的頂端，形成一個絕對與極限世界。

不同材質的廢棄物，以不同的形、色，拼湊交合成有秩序美與層次感的具體畫面，以協和的多次元的造型符號，把普普與裝置藝術在生活環境中的用處直說出來

燈屋若也帶有某些宗教性的神秘氣氛，則這一角落裡的畫面與造型空間，好像在光中是流露出一些來了

繪畫、雕塑與建築，在會談關於美的事件

禪坐在空靜裡，念頭一動，鐵鍊便會把心鎖上

站在地球上
對着萬物的形象
我要高呼人本主義
人文精神

以麵包機製作這個
機器人，張開口時，
連機器人都會想起
麵包，人便更不用說了。

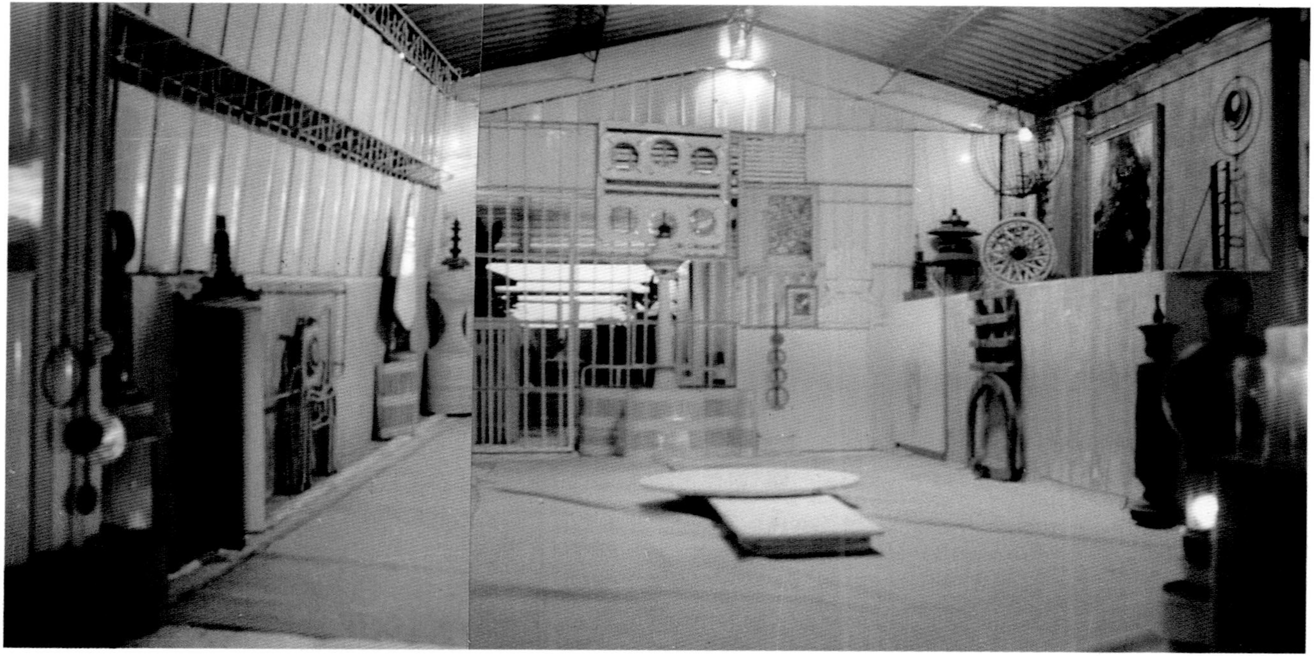

這是一個全然開放的空間，讓具象、抽象、超現實、普普、達達、立體、環境、裝置、極簡、「建築、繪畫、雕塑」……等藝術精神以及古今、中、外的時空感與各種物體材質等都可自由進來，共同在美的導力中，架構起一個具有世界觀的藝文生活立體空間，其實也是詩的意象化了的空間，甚至是一首可感的視覺詩。

從都市機械文明冰冷的的鐵欄干，看新的自然景觀，可看見「自然界」的花樹，也可看到「鋼鐵」開在一起的花朵形態⓪；尚可看到「具象」的鳥①抽象的鳥②超現實的鳥③，帶着燈屋在具象、抽象與超現實的三個世界裡自由的飛。

人開始同自然對話：現在坐墊上，等着人必須靜坐下來，不斷的同後工業時代的高高在上的機器上（右上方）對話。坐墊旁，上方吊下來一條手拷，人有時被別人扣上手腳，有時自己扣上。為什麼不想想鳥的翅膀？

一九八六年11月臺灣大地震

# 心詩之光、思維之門

## ——羅門「燈屋」後現代造型藝術生活空間的遐思

戴維揚

「燈屋」是詩人羅門與蓉子的家，也是各類型發光體匯聚的殿堂。這兒有詩人心智譜著光流，也有詩人妙手裝置的各類光體。這是後現代多元共生綜合藝術的廟堂。

到過「燈屋」的文人雅士、畫家、雕刻家、音樂家，總會虔誠地向這座光源的心堂，獻上心香、心祭；感染一室光采，增添一環光圈。

燈屋是多元互動的生活空間，也是心語契合的心靈空間，這裏是多媒體各類藝術展示的畫廊，也是心靈心聲共鳴的音樂廳。眼見各色各樣的燈具，耳聽四面八方的心語。燈屋是我們的最愛。

### 動靜神奇的生活空間

「燈屋」座落在臺北鬧市中心，卻讓人心靜意閑。有詩人夫婦坐鎮其中，如魚戲水，悠然自得。鬧中有靜，靜中有靈。山有靈則易仙居，燈屋有詩人則靈活。羅門、蓉子一動一靜，妙道趣生，諸君客座，更添情趣。

到燈屋的訪客迎面而來，女主人蓉子一定輕移蓮步捧上一杯清茶，或飲料，或鮮果，悉聽君便，容君開懷，溫馨可愛。羅門當男主人昂首闊步奉上是「一盤盤燈屋的光」與他連珠炮式的熱門話題：穿自然，第二自然，達到第三自然，或穿越藝術的永恆，遨翔在烏有之邦、理想之國的詩、畫桃源。

羅門思維宏觀炬烈，熱力輝灑，豪邁不拘；蓉子思想微觀精密，凝聚冷歛，柔情蜜意，天造地設的一對詩壇佳偶。這兒總是多一個超人式的話匣子，也絕對少不了一對迷你型的聽話筒。有滔滔不絕的雄辯家，也有親和懇切的織心女，穿越其間，相得益彰，滿堂生輝，思維之門，爲你常開，心詩之神，盡情馳騁。

羅門雖然雄渾厚實，然而「玩」起各種造型、各類材質，各派風格的燈具，卻是精巧無比，變化萬千；幹活手藝，不遜女媧，煉石補天，比美造化。

## 再造乾坤的美感空間

燈屋具有一流的「裝置藝術」（Installation Art）以及萬流歸宗的「拼湊藝術」（Assamblage Art）加上主客交融的心靈契合，構成後現代綜合的「表演藝術」（Performing Art）的典範鮮例。

燈屋的基本造型是依中國人所領會的人體、天體——圓頭方趾，天圓地方，仿天造地而契會相參，依勢成型。其基本功能依天覆地載向上發光，向下照人。羅門應用平常的日用品（燈籠），甚至廢棄物（廢機件）化爲神奇的藝術品的燈座，從平凡中見非凡：燈屋上方的照明燈具，類多圓型，採其渾圓，周而復始，天行健，自強不息，旋轉向上的動感流線，或扶搖直上，或頂天立地，如燈塔，如青燈，或圓滾滾地如太陽君臨大地；或靜靜如月亮、如繁星，觀者莫不目不遐給。羅門燈屋的天空好生熱鬧，有點希臘大多中國，比美造化的穹蒼，繁華炫爛、熠熠光耀。渾圓和諧譜著靈動生韻的光流，生命慧心的樂章，君子法天也可生生不息，安然恬適。《文心雕龍》〈定勢〉篇的最高境界：「圓者規體其勢也自轉；方者矩形其勢也自安。」又動又靜，陰陽調合，五行暢旺。

燈屋的地面一邊舖著四四方方各色併疊的海棉墊：訪客可坐、可臥、或躺、或靠，悉聽尊便，可氣定神寧地安坐、打坐；也可自由浪漫地隨意安頓，交差不同情境、情緒產生後現代特有的各自安適如在虛擬實境、交疊、交錯、渾然交融。或繁、或簡、或西式、或中式、隨君詮釋、隨君思索。

燈屋的視覺享宴可採各種姿態、各種向度，盡情瀏覽，中西合璧，古今輝映，心領神會，逸趣無窮。這兒是客廳、餐廳，也是書房、工作坊，這是典型的家庭式的藝術中心。這兒有包浩斯（Bauhous）現代建築的明亮、整齊、劃一的幾何圖型，又兼後包浩斯，後現代的雜然渾成的人性空間。有屬天的超然，也有屬地的自然。方圓有緻的燈屋乾坤正如詩人羅門歌頌〈大峽谷奏鳴曲〉：

下端碰到地
上端頂著天
只要跟著地球轉
無數變化的圓面
便在時空的縱向與橫向裡
旋成停不下來的螺旋塔
所有的眼睛都在塔上
看前進中的永恆
　往那裡走

## 人文匯萃的心靈空間

現當代生活在臺灣寶島的著名詩人鮮少不拜訪這座詩人構築的燈屋。屋中以佔了大半面牆的莊喆油畫「窗」透顯詩畫一家的特色，在其畫中詩人的「窗」整首詩都在畫面上：

猛力一推　雙手如流
總是千山萬水
總是回不來的眼睛
遙望裡

你被望成千翼之鳥
棄天空而去　你已不在翅膀上
聆聽裡
你被聽成千孔之笛
音道深如望向往昔的凝目
猛力一推
竟被反鎖在走不出去的透明裡

燈屋也曾有不少國內當代聞名的藝術家來登門訪談，國際享譽的「眼鏡蛇派理論家兼詩人龍貝特（Lambert）以及名畫家賀內依（Cornelle）也曾是燈屋的座上賓；這兒眞是衆星輝映的心靈廟會。

羅門的燈屋是運用多種媒介匯聚的明燈，指引大家共創生命智慧的心燈。這是一所心靈的詩／塔：有光、有愛有你我生活／藝術的光輝。

燈屋的溫情

# 無題之秋（贈羅門、蓉子伉儷）

張默

用一塊巨大的戰爭把你們窄窄地包裹
安東街在秋的投射下顯得更長了
黃昏似飛奔的怒潮恆在不朽地撞擊
把安坐著的貝多芬的前額
斜斜地引向靠近青鳥的那一邊
十七座燈柱撐不起頻頻呼起的死亡之塔
落葉滿階
雨水滿階
每一片落葉是你晶瑩的字語
每一滴雨水是你冷峻的眼神
哦，一起一落我要把你們生命的神秘高舉
有光從輕盈的顧盼中漏下來

有聲響從川流不息的靜默中閃出來
有爭吵從線裝的書冊中跳出來
有童話從燈屋熠熠的輝芒中飄出來
於是你們嘩噪
於是你們嬉逐
於是你們張望
攤開在秋的面容上的兩幅心靈的棉紙
吸進去不少的風雨
杜甫高聲朗誦，保爾克利揮舞著畫筆
史特勞斯打著三拍子四拍子
還有我們的貴客約安·紀涅先生
被掛在偏西的牆上呼呼入睡了

哦，是的
百年後燈屋如故，秋如故，你們的名字撒滿大地

——此詩發表在一九七一年「藍星年刊」

# 千燈室印象

## ——訪羅門蓉子之燈屋

向陽

超越。超越。從尼采的眼中提昇六千呎
沈著。沈著。自悲多芬手下輾轉七指鍵

簡直不敢相信
在沉沙的灘上竟隱著如許斐粲的
珍珠，如翼
翔著，在超越陽光的國度裡
爲完成山海互凝的愉悅
他們宣佈超人與繆斯的誕生

當風與浪從事著無止期的糾鬥

當浪與礁廝摩紛纏
唯鷗鳥雙飛，翔著
並且，向天地的渾茫
劃開眩目的日之芒，月之光
朝以及夕，暮而至晨

關山之外，有無數萍水
酒店過後，巴不著那村
足跡永遠翻版足跡，而眸與眸
互相拓印，這層層疊疊塔般的
落實，這涓涓漾漾水般的
情長，駕鍵，凌越宇宙時空

讓根芽對土壤賒欠養料
讓土壤向蟲鳥借貸生與死亡
路已經情人似地走向悠悠之外
他們燈似地繁殖燈以及

燈似地繁殖燈以及
燈的回眸

下降！下降！凡果必墮向泥且血葬爲種籽
上昇！上昇！凡煙必迴旋且血焚爲昂仰

後記：有一天，與復興文藝營李白組同學造訪羅門蓉子燈屋。推門進屋，赫然是千燈萬燈翼般飛來。其後，親聆詩人對其室內設計之形上學解釋，並眼見「中國白朗寧夫婦」之伉儷情深。歸來後，低迴徘徊，久久不能自已，乃草成「千燈室印象」，並識之。

【註】這詩發表在六十七（一九七八）年十二月藍星新十期（由成文出版社出版）

# 初訪「燈屋」二帖

商略

## 一

以意爲之的
以意想之極
的組合
組合之的
那多
燈燈盞盞
以組織空間的手遂又慇懃的
替一個時間之罅隙裡的來客
捻亮
了
啊塵囂上的

燈屋

二

一串魚筌啦吧
謂之時光隧道
得魚也罷
忘筌也罷
智者
不惑

註：今年暑假承邀往訪詩人羅門燈屋，流連久之歸來得此兩首小詩不亦快哉

七一、九月玉里

——本詩發表於藍星詩刊新15期七十一年（成文出版社出版）。

# 燈屋

——給詩人羅門、蓉子伉儷

林泉

夜晚踏進燈屋
我渾忘記，我是
走在宇宙那一面？

星子在你屋裡點燈
在這被夢幻被美被眞理
追隨的世界

爲茫茫的夜色
燈盞
是你將詩句點燃了

將自己點燃了
而在這邊傾聽的
眾多枝椏
開花

這時，那些開的花
是否也如星子、燈
一樣熠熠點燃著嗎？

一座燈屋
一個全然宇宙
一大疊一
星宿羅列運行
陀螺旋轉之中
織成經緯
織成風塵道路

轉過日子
一頁頁攤開著的詩
璀璨的語字
千燈指點方向

而星子點燃的燈
在你窗裡
在你屋內……

一九八三、四、廿八

# 附錄(1)

## 四十年來到燈屋的國內外
## 文藝界與文化界人士留影

**上** 藍星詩社余光中教授、詩人夏菁、天主教修女密雪兒 ● 羅門、政大教授密雪兒修女、李達三教授、詩人陳慧樺（在安東街燈屋）

**中** 星座詩人林綠、淡瑩、張錯、蓉子、黃德偉、羅門、蘇凌、○、王潤華、葉曼沙、李狀源、○、○

**下** 小說家王藍、畫家席德進、散文家葉蟬貞、王藍夫人、散文家康齡 ● （前排）辛鬱夫人、洛夫夫人、羅門、蓉子、詩人辛鬱、（後兩排）詩人洛夫、沙牧、藝評家于還素、詩人彭邦楨、畫家吳昱、梅新、畫家李錫奇、詩人羚野（在安東街燈屋，羅門蓉子結婚十週年紀念，攝於五十四年）

上羅門、COBRA眼鏡蛇畫派法國著名理論家兼詩人隆貝特（LAMBERT）夫婦、蓉子 ● 新聞局法籍翻譯家FORT HICK

下畫家陳正雄、FORT HICK夫婦、隆貝特、詩人杜十三、蓉子、隆貝特夫人、羅門 ● 余玉照教授、隆貝特夫婦

上陶瓷家馬浩、畫家莊喆、羅門、畫家林壽宇、陳正雄、藝評家劉文譚、雕塑家何恆雄
下陳正雄、馬浩、莊喆、攝影家莊靈、何恆雄、林壽宇、劉文譚

上 畫家陳正雄、羅門、畫家賴純純、林壽宇、張永村 ● 羅門、蓉子、陳正雄、雕塑家胡宏術教授

中 畫家張永村、秦松、羅門 ● 畫家李德、羅門、畫家朱沉冬

下 羅門、畫廊主持人、作家、雕塑家何恆雄、黃德偉教授、林綠教授、藝術家王秀雄 ● 藝評家王哲雄、羅門、女詩人夏宇、女舞蹈家

上羅門、施友忠教授、蓉子 ● 施友忠教授、陳慧樺教授、楊牧教授、羅門
下畫家莊普夫婦、服裝設計家洪麗芬、施友忠教授、蓉子、林綠、羅門

上楊牧教授、羅門

下余光中教授、羅門、導演胡金銓、楊牧、洪麗芬 ● 林綠、羅門、余光中、胡金銓、洪麗芬、楊牧、蓉子、詩人

上羅門、葉維廉教授 ● 蓉子、廖慈美、葉維廉
下羅門、葉維廉、黃德偉教授 ● 葉維廉夫婦、羅門

上王潤華教授、詩人淡瑩、蓉子、羅門 ● 張錯夫婦全家、羅門、蓉子

下戴維揚教授、陳慧樺、王潤華、陳正雄、羅門、淡瑩、出版家彭正雄 ● 張錯教授、小說家司馬中原、鄭明娳教授、羅門、張錯夫人

**上**中外文學助理主編、羅門、蔡源煌教授 ● 藍星仝人向明、張健、羅門、余光中

**中**藍星仝人張健教授、夏菁夫婦、蓉子、羅門 ● 詩人簡政珍教授、羅門、林燿德

**下**（前排）女詩人○、方蛾真、陳素芬、榮之穎教授、蓉子、（後排）女詩人涂靜怡、雪柔、胡品清教授、女詩人敻虹、沉思（為榮之穎教授翻譯女詩人作品在燈屋聚會） ● 自助旅行團馬中欣與兩位女秘書、羅門

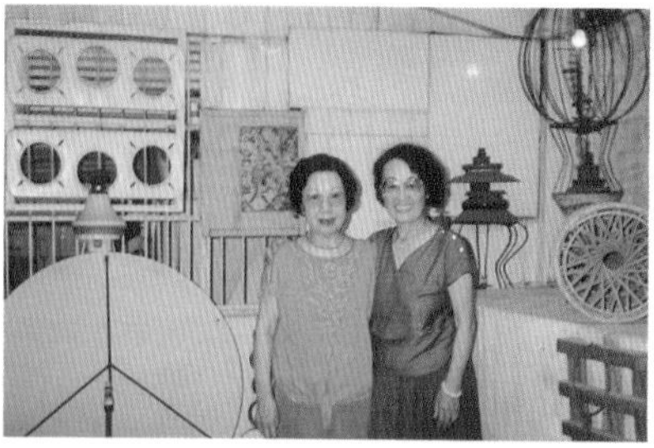

上蓉子、小說家聶華苓 ● 羅門、林綠、名導演胡金銓
中聶華苓、羅門 ● 胡金銓、音樂家李泰祥、羅門
下HENRY林教授、林明暉教授、蓉子 ● 羅門、詩人戴天

上女作家劉　君、穆里遜教授、蓉子、羅門　●　（前排）瑞士女作家、馬莊穆教授、羅門、蓉子、（後排）瑞士作家、高肯教授、畫家李錫奇

下韓國小說家（左1）、韓國現代詩會長、筆會副會長文德守、韓著名女詩人申東春、蓉子、羅門　●　羅門、在藝專客座的法國教授夫婦、何恆雄、青年作家

上蓉子、羅門、海南大學唐玲玲教授 ● 羅門、評論家劉登翰
中評論家〇王祿旺教授、海大副校長李昌邦、羅門、作家〇王春煜教授、作家朱逸輝 ● 大陸陳子善教授、羅門大陸施建偉教授
下雕塑家何恆雄、羅門、大陸俞兆平教授 ● 馬大何國忠教授

上 羅門、詩人評論家蕭蕭 ● 詩人向陽夫婦、羅門、蓉子
中 蓉子、羅門、小說家溫瑞安、鄭明娳教授、詩人林燿德 ● 詩人張國治、羅門、蓉子、女詩人悠曉
下 詩人白靈、杜十三、蓉子、羅門、詩朗誦家趙天福 ● 詩風詩刊詩人王偉民等訪問燈屋

上菲文藝作家訪問燈屋計有來自菲律賓的王國棟、許露麟、小華、亞藍、亞薇等詩人作家，當晚也有臺灣詩人陳煌夫婦、陳寧貴、張雪映、林文義以及音樂家韓正浩、鍾少蘭等人

中菲詩人和權、臺灣詩人王憲陽、羅門、蓉子、菲詩人月曲了夫婦 ● 蓉子、菲女作家莎士、羅門、菲詩人陳默、○、白凌

下菲女詩人謝馨、蓉子 ● 羅門、菲詩人小說家施約翰

耕莘文藝班同學到燈屋上課，以及文藝青年在燈屋談詩與藝術的部份影像

在燈屋頂樓，同藝文界朋友餐聚的部份影像

# 造訪燈屋的各界人士

·詩人：

有余光中、夏菁、周夢蝶、張健、向明、商略、羊令野、瘂弦、洛夫、商禽、張默、辛鬱、管管、碧果、羅青、蕭蕭、林耀德、簡政珍、白靈、陳寧貴、杜十三、向陽、羅智成、苦苓、徐望雲、陳煌、林野、鴻鴻以及女詩人鍾玲、胡品清、敻虹、夏宇、方娥眞等。住在國外的詩人有楊牧、葉維廉、張錯、王潤華、淡瑩夫婦、彭邦楨、非馬、戴天、王偉民、溫瑞安以及菲華詩人施約翰、謝馨、和權、月曲了、白凌、林泉與韓國詩人中東春、許世旭、文德守；美籍匈牙利詩人卜納德夫婦……等

·學者教授及其他作家：

有施友忠、蔡源煌、張漢良、黃德偉、林綠、陳慧樺、戴維揚、龔鵬程、鄭明娳、潘麗珠、榮之穎、林明暉、聶華苓、余玉照、古添洪、楊昌年、李達三……等教教。作家有謝冰瑩、張秀亞、司馬中原、王藍、林文義、陳幸惠、姚宜英、封德屏、孟樊、朵拉以及大陸教授作家唐玲玲、劉登翰、俞兆平、李昌邦、施建偉、陳子善、劉湛秋、王春煜……等。

・**藝術界：**

著名畫家林壽宇、莊喆、陳正雄、李德、謝德建、楚戈、李錫奇、吳昊、秦松、莊普、賴純純、張永村、胡坤榮、洛貞、馬浩、朱沈冬、陳道明、徐術修、陳勤、胡寶霖、洪根深、于彭……等。

著名雕塑家楊英風、何恆雄；有名攝影家莊靈。

著名導演胡金銓。

著名音樂家李泰祥、韓正皓；名服裝設計師洪麗芬。

著名藝評家王秀雄、王哲雄、劉文潭、于還素、賴英英……

・法國銀鏡蛇（COBRA）畫派名畫家歌賀內依（CORNEILLE）及名詩人名藝評家隆貝荷（LAMBART），也曾造訪燈屋。

・此外也有不少大專院校與文藝營愛好文藝的青年學生來燈屋談詩與藝術。

（上列到「燈屋」的人士，有少數未留影，也有一些人是到過處在臺北安東街的老「燈屋」）

# 附錄(2)

## 燈屋接受雜誌報章
## 及電視採訪細目

# 一、燈屋接受各型雜誌訪問報導（偏重攝影）

| 訪問報導題目 | 作者 | 發表書刊 | 日期 | 期號 | 字數 | 備攷（作者） |
|---|---|---|---|---|---|---|
| 燈屋詩話 訪詩人羅門蓉子 | 李安娜 | 心臟詩刊 | 62年8月20日 | 第三期 | 二〇〇〇字 | 心臟詩刊詩人採訪 |
| 中國詩壇的勃朗寧夫婦 | 封德屏 | 女性世界 | 64年4月8日 | 四月號 | 二〇〇〇字 | 專訪作家 |
| 詩人羅門·蓉子 | 宋毓英 | 婦女世界 | 64年5月25日 | 五月號 | 二五〇〇字 | 專訪作家 |
| 羅門蓉子 鰜鰈燈屋情 | 瀟瀟 | 摩登家庭 | 68年3月1日 | 六〇期 | 一五〇〇字 | 專欄作家 |
| 心燈一盞話明燈 | 吳鈴嬌 | 時報週刊 | 69年3月30日 | 四〇期 | 一〇〇〇字 | 採訪作家 |
| 讓羅門告訴你 什麼是美 | 馬溫尼 | 最高機密 | 73年10月1日 | 十月號 | 二〇〇〇字 | 專訪記者 |
| 詩人羅門燈屋 | 馬溫尼 | 翡翠雜誌 | 74年4月15日 | 九九期 | 二五〇〇字 | 詩人、採訪作家 |
| 羅門和蓉子 燈屋裡的依戀 | 陳慧鈴 | 黛 | 75年2月 | 二月號 | 一五〇〇字 | 採訪作家 |
| 羅門蓉子 徜徉詩文的歲月 | 鍾麗慧 | 婦女雜誌 | 75年3月 | 三月號 | 三〇〇〇字 | 專訪作家 |
| 詩人與燈屋 | 江靜芳 | 自由青年 | 75年元月 | | 二〇〇〇字 | 作家、專訪作家 |
| 駐留燈屋下 結褵滿塘 | 黃秀媚 | 第一家庭 | 76年12月 | 十八期 | 一五〇〇字 | 記者專訪 |
| 拼湊一室 詩樣的燈屋 | 李貽芳 | 住屋情報 | 77年3月15日 | 第四期 | 一〇〇〇字 | 專訪作家 |
| 羅門蓉子的燈屋 | 胡如虹 | 儂儂雜誌 | 77年7月 | 第七期 | 一五〇〇字 | 專訪作家 |
| 明亮心靈詩人傳燈 | 夏瑞虹 | 時報週刊 | 77年6月12日 | 五三七期 | 一〇〇〇字 | 專訪作家 |

| | | | | | | |
|---|---|---|---|---|---|---|
| 容貌別緻的家庭風景　羅門蓉子 | 江兒 | 文訊雜誌 | 77年4月 | 三五期 | 二五〇〇字 | 專訪作家 |
| 超越時空的光影空間 | 孫玉帛 | 新潮設計雜誌 | 79年元月 | 十二期 | 一五〇〇字 | 專訪作家 |
| 燈屋與詩心 | 許麗美 | 今日家居雜誌 | 79年7月 | 十八期 | 一二〇〇字 | 專訪作家 |
| 詩與藝術使生命空間美化起來 | 蘇雪美 | 薇薇雜誌 | 79年8月 | 八月號 | 二五〇〇字 | 專訪作家 |
| 生活藝術羅門・蓉子的燈屋 | 魏秀娟 | 仕女雜誌 | 79年5月 | 五 | 六〇〇〇字 | 專訪作家 |
| 燈的花園後現代 | 郭玉文 | 儂儂雜誌 | 79年11月 | 十一 | 七〇〇〇字 | 散文作家 |
| 在燈屋的花園裡羅門蓉子的家 | 莊妙仙 | 家庭雜誌 | 81年2月5日 | 一八五 | 二〇〇〇字 | 採訪記者 |
| 羅門親手造的「燈屋」 | 揚玉梅 | 國家環境雜誌 | 81年6月30日 | | 三〇〇〇字 | 專訪作家 |
| 羅門・蓉子以詩心構築燈屋 | 葉怡蘭 | 雅砌雜誌ARCH | 82年4月 | 三九期 | 一五〇〇字 | 專訪作家 |
| 燈屋的傳奇 | 羅門 | 21工程雜誌 | 82年11月 | | 二〇〇〇字 | |

## 二、燈屋接受各類報紙介紹報導

| 訪問報導題目 | 作者 | 發表書刊 | 日期 | 字數 | 備攷（作者） |
|---|---|---|---|---|---|
| 燈屋與中國勃朗寧夫婦 | 林綠 | 香港英文周報 | 58年1月26日 | 一〇〇〇字 | 詩人作家 |
| 燈屋・生活藝術 | 宋晶宜 | 大華晚報 | 60年12月5日 | 八〇〇字 | 專欄作家 |
| 中國詩壇的勃朗寧夫婦 | 採訪記者 | 自立晚報 | 62年12月1日 | 一五〇〇字 | 採訪記者 |

| | | | | | |
|---|---|---|---|---|---|
| 燈屋裡的主人羅門・蓉子 | 王端 | 民生報 | 69年4月29日 | 一〇〇〇字 | 專訪作家 |
| 我們的燈屋 | 羅門 | 中國時報 | 69年6月28日 | 七〇〇〇字 | |
| 中國勃朗夫婦 | 曉鐘 | 自由日報 | 70年2月11日 | 二〇〇〇字 | 採訪專欄作家 |
| 我家燈屋 | 羅門 | 聯合報 | 70年4月24日 | 一二〇〇字 | |
| 燈屋的故事 | 蓉子 | 臺灣時報 | 71年1月19日 | 四五〇〇字 | |
| 燈屋裡的女主人詩人蓉子 | 陳佩璇 | 聯合報 | 72年3月19日 | 一八〇〇字 | 專欄作家 |
| 詩人與燈屋 | 小華 | 菲聯合日報 | 71年7月13日 | 四〇〇〇字 | 散文作家 |
| 燈屋三十年羅門・蓉子 | 李宗慈 | 商工日報 | 72年8月14日 | 四五〇〇字 | 採訪報導作家 |
| 羅門與蓉子燈屋中孕育靈感 | 陳佩璇 | 世界日報 | 72年12月2日 | 一五〇〇字 | 散文專欄作家 |
| 羅門蓉子燈屋令人稱羨 | 採訪記者 | 中央日報 | 73年4月8日 | 八〇〇字 | 採訪記者 |
| 燈屋的春天 | 子靈 | 臺灣新聞報 | 73年8月3日 | 一〇〇〇字 | 專訪作家 |
| 燈屋羅門蓉子的有情世界 | 郜瑩 | 中華日報 | 76年8月24日 | 一五〇〇字 | 專欄作家 |
| 詩與燈屋的生活空間 | 張國治 | 環球日報 | 78年9月8日 | 一〇〇〇字 | 詩人 |

**此外曾兩次在電視節目上播出：**

第一次在華視「寶島風情畫第73集」製作『燈的世界』專題中播出。

第二次在華視「早安今天」製作『做自己的化妝師』專題中播出。

# 附錄(3)

燈屋的故事
燈屋的傳奇

# 燈屋的故事

蓉子

在流逝的青春歲月裡，曾經有過很多不著邊際的夢，諸如：我曾想做一個旅行家，到世界各處去流浪；也曾臆想，如果我沒有職業而手頭又正好有一筆資金時，我就去經營一間書舖或設法開一家花店；而如果一日我有了「家」我幻想有一幢小木屋，遠離塵囂，用老樹做屋樑，以籐條編書架，築室靜美的小湖旁。想像中，木板屋的橫紋是條條五線譜，雀鳥在其上點著安詳的音符，有動心的歌聲在那兒迴響；那兒的空氣十分澄涼，在茂密的森林中，有美麗的故事在那兒成長……可是後來事實證明，上述的夢無一曾實現——我既未能償我眞正做旅行家的宿願；也沒有開書店或花店的機會；更無一間甚至小茅屋在鄉間。結婚二十多年來，一直結廬在十丈紅塵的都市裡，其所帶給我們的喧囂、忍耐、奮鬥和掙扎就可想而知了。

廿多年來，我們一共安頓過五次家。當然首次建立一個「家」時，是較爲辛苦的。因兩個人都是隻身來到寶島，赤手空拳，既無親人長輩，又無任何積蓄，所依持的只是各自都有一份正常的工作以及對未來美好生活的憧憬，於是每天下班後，便相約一塊去看房子——我稱之爲「覓屋之旅」。而我們的覓屋之旅，所根據的輿圖，只是從朋友口中或從報紙廣告出租欄中一一抄下的地址。那種漫無邊際，大街小巷、城北城南的奔波，實在是事倍功半。往往好半天跑下來，人給擺弄得精疲力竭，而理想的住處猶待繼續尋覓！這是因爲那些廣告上的「語言」往往不盡符合實際「情境」；當然，偶然也會碰到一二處較理想的，卻又缺乏足夠的經濟力量作後盾，不是付不起租金，便是那押金過重了。最後，還是由一位同事太太介紹，在一幢日式榻榻米小屋內分租了一間房，廚廁和房東合用——這就是我們最初的家了。

當時我們不如現在的年輕人、一成家就有了整套的家具；僅一床、一桌，兩張籐製靠背沙發椅，幾張圓木凳子外加一座小型收音機，便是我們全部的家當了，好簡單！但是比上不足，比下有餘，因當時的社會風氣質樸，很多人連床都沒有——一間榻榻米房，白天是起居間，晚上從壁櫥內搬出被褥就是臥房。於是在當時那簡陋也不太寬敞的空間中，我們開始有了家的雛形，不過當時「燈屋」尚未誕生。

那幢我們生平第一次租用的日式住所，不僅前後都還有小小的院子，甚至除了大門外還擁有一扇後門哩！祇是房屋年久不修，那通往另一條巷子的邊門磨損得早就不成其爲門。每當房主（一位女教師）和寄住在她家的那位女同事或者我們上班外出時，習慣成自然地將大門從裡面關好，再從邊上的小門出來；而天曉得所謂邊門，既不能上鎖，也無法好好地關緊了。那扇門放在牆邊，好像只是一個幌子，虛掩一下而已，根本不能發揮門的作用。房東是學音樂的，有一架鋼琴就放在這幢房子的客廳內，她父親是南部有地位的人，有錢、有田，也不知爲何？就是不肯花點微不足道的工資，將這扇破門修好，以策居處的安全。我因工作性質關係，有時值夜班回來，交通車只開到街口，而巷長弄深，尤其在冬寒或下雨天，往往一整條深巷就是我自己的足音。由於居所沒有足夠的安全感，住了半年後，我們便搬家了。

離開了那雛形的家，搬到了同區近大街口的一條巷子裡，因爲家具簡單（家具簡單的好處，唯有搬家時方能眞正享受到），加上路程近，竟半點都不曾感到人家所說搬家的可怕。這次搬住的是臺灣大學一位資深心理學教授的宿舍，院子很大，是一幢頗有氣派、寬敞的日本式房子。他家人口衆多，除了他們夫婦外，上有高堂老母，下有六個子女，加上親戚往來不斷，需要的空間自然較大；但他們卻在學校慷慨配給宿舍的雅意下，分租了一間予人口簡單的夫婦如我們（大概是爲了貼補貼補家用吧？）這第二個家雖空間較前大些，我們也不敢多添置東西，記憶中，僅將那架小型收音機，換了一臺櫃子型的收音機連電唱機。這時公餘家裡就幾乎不停洋溢著那些古典的音樂，尤其是悲多芬的英雄、田園和第九交響曲等，因我家另一半特別喜愛悲多芬的音樂並稱樂聖悲多芬爲他的老管家——意謂讓這位樂聖來管理我們家的一切。也許就在悲多芬音樂的旋律裡，日後很多「壯偉」的燈在他的意念中逐漸孕育成形。

數年後，由於房東家小孩子漸漸長大，他們要把房子收回自用，我們便搬離了泰順街，從和平東路一段遷到二段居住。從此家的「領土」大大拓寬，我們不再是一室之家了。新居是一幢號稱兩房兩廳的西式小平房，廚房和衛生設備俱全。如果家應具「城堡之美」的話，第一、二兩個家都不夠此條件，因充其量，只是寄居在別人的城堡中，缺少完全屬於自己的天地，也欠缺完全屬於自己的活動空間。此刻，一切方眞正初具「家」的規模——一個完全屬於自己的獨立小天地，除了客廳和臥室外，我們將經營的重點放在書房：購買書櫃，增添了不少書籍——包含朋友們送和自己買的。此外又選購了好幾座石膏雕像，如曙光女神的雕像，貝多芬的死面，還有一大型維納斯全身坐像（這座有半人高的石膏雕像在第四次搬家時，被一位好心的詩人朋友洗斷了她的腿部——成爲既斷臂又斷腿的愛神。）以及其它石膏像。雕像群中還點綴著一座綠色大理石的檯燈，那方形燈柱上的刻繪頗受畫家朋友的讚賞哩！除此我們也爲現時寬敞的書房買了一張大書桌和一個有圓形靠背的皮轉椅。由於我們擁有了這樣一個安靜的書房——一個隱密的工作室；加上我們上班的時間是錯開的，常常一個人獨自佔有整座「城堡」的空間，享有絕對的安靜（那時一般家庭尙無自動電話），因此，那段日子可算是我們詩創作最豐收的一段時期。

竟然記不清究竟在怎樣的情況下我們的「燈屋」就突然地繁花盛放了！那必定是在他有一天忽然異想天開，要將我們客廳裡一張斜擱在圓形鐵架上的半圓形大籐椅（那時很時興這種椅子），舉高與天花板齊時，便開出第一朵燈卉——他買了許多一公分寬的木條齊鋸成三尺長的無數小木條，釘成了一個中空的方形柱座，然後再鋸一堆兩尺多的較短木條，釘成另一體積較小但長度更高的方柱；然後將兩個方柱重疊在一起造成了足夠的高度，正好將那輪圓大的椅子舉到了屋頂部位，轉化成一碗形燈罩，燈罩反托著幾盞星朵般的小燈，整體看去，就眞像一座高聳的燈塔了，這是「燈屋」中的第一盞大燈。自從他手創這第一座燈塔似的大燈後，第二、第三、第四座奇形怪狀的燈就接踵而至，當我們搬到安東街一座歐洲式的小樓

（畫家王藍先生語）時，我們的客廳、餐廳與書房中，已經擁有了不下十盞燈了。除了前述的「燈塔」外，另一座較爲別緻的大燈是用近十捆粗草繩做材料，先用一兩捆疊成較寬的燈座，再用約四倍於燈座的草繩子，疊成圓柱，柱子和座基間塡以籐凳一個，燈柱上端裝上了燈與燈罩，早年我和羅門曾坐在這座大燈的旁邊，接受過以報導見長的夏祖麗的訪問，因此對這座燈的印象較深；而就在當時我坐著的沙發椅右前方，另有一座人家想像不到的立燈，有十多尺高，它通體都是用廢棄了的綠色塑膠百葉窗片做成——先將經解體後的百葉窗片捲成一個個小圓圈，再將這小圓圈一層層交錯架疊上去。當燈點亮時，燈光從圓圈的細縫間透出來，映照出如玉色的美——這是一座水綠色的燈。記得當年我們那別緻的小樓有紅色古典的樓梯，在衆多的裝飾燈中，我們竟也有一座土紅色的燈，那是因爲有一天一位鄉下老公公挑著一擔重重的紅泥花盆，汗流浹背地停在我家門前休息，我們看那老人家挑得好辛苦，心想也不知道要叫賣多久，老人才能將這滿滿一擔花盆銷完？於是他一下子心血來潮，就把整整一擔子的花盆都買下了！再花了一些工夫，將大小不同的花盆疊成了一座磚紅色的燈——最原始也最新鮮的燈。後來這盞燈就放在我們那小小樓梯的頂端，配合著牆壁上一首題名「燈屋」的詩。

然後，我們作了第五次的播遷，這次的搬家是十分辛苦的，主要原因，不僅由於燈多了起來，日用的家具也增多了，再加上不算太多也不能算少的書。好的是、這一次不曾經過尋屋的艱辛，是服務的機關配給的宿舍——由於房子的格局不太理想，在搬家前我們也曾花了一筆錢重新裝修調整，並重新隔間，和營造商打了一段花錢花精神也不怎麼愉快的交道。終於來到了我們正式搬家的時刻，因東西較多，事先我們委托正式的搬家公司來估價且完全按照他們所開的價錢付給，只求他們不把東西弄壞。這次他們先後將我們的家具和書裝滿兩大卡車，搬第一車次時似無話說，待第二趟車開到了新居門口時，那身為老板也兼工人的開始要我們加錢。我有點大惑不解，詢問說：「是你自己去現場估的價，我們如數付給，怎麼半途又要加價？」他就擺出一付姿態說：「弟兄們（工人）覺得你們東西太多了，一大堆的書，零零碎碎地又重；況且有些東西還要替你們搬上五樓。」——其實那裡有甚麼五樓？充其量只是四樓通往平臺的樓梯間。有些一時用不著的東西，我們就暫時請他們擱在那兒，而他們即以此為藉口要多加錢；否則以「罷搬」抵制，結果當然是他們贏，情勢所迫也。

不管怎樣，多花一點錢，辛苦一點，這回我們總算有了一個較為安定的家，再不至於像第四個家那樣一年之內被房東加兩次價；祇因平常大家相處得不錯，從無爭執，在六十二、三年國內物價首次大幅波動時，雖租約未滿，我們卻自動給她加了租金，當然是希望以後再租住下去。誰知剛加租不到半年，原訂兩年期的租期也還未滿，那平常似乎還老實的房東現在竟獅子大張口，又要漲我們的租金而且加得很多，令我們無限感慨也深覺沒有自己居所的痛苦。

自從有了這第五個家後，一切才算大大地安定下來，從此他更可放手地經營他的燈屋了。現在我們家裡比在安東街寄寓時又多了好幾盞燈，幾乎每一盞都有其特色，譬如說：有一盞燈是利用共五張上下等圓，中間扭腰細的特殊形狀的籐凳子，反覆交疊起來，構成一座曲折的「螺旋塔」；另有一座也是龐然大物，他命名爲泰國塔的燈，是諸燈中構造較複雜的一盞。首先將一段又厚又重的樹椿子劈成兩半，成爲兩個半圓形的基座，其間嵌著一塊刻著詩句的銅牌，兩個半圓形的基座之上，從大到小層層相疊，一共疊了四塊圓形砧板，砧板之上站滿了大小兩組木質胡椒粉瓶子，大的一組共十個站在外圍，小的一組八個站在中間，上面擱著一金色盒子，那圓型盒子如此頂著直徑約廿六公分，高卅公分的空花銅柱，銅柱上罩上了大小兩層絲絨燈罩，最頂端加上一有尖尖銅頂的、篾子編成的球狀物，「泰國塔」便告落成啓用了。想不到這座由各種龐雜材料拼湊起來的塔，還頗邀友人和記者先生們的青睞哩！最絕的是那盞由一連串從最大、到較大、到中等、然後到比較小、到最小型蒸籠串成的「吊燈」，沒有客人看了不發噱的；可是由於它大小成比例，當燈光點亮時，光波如水一圈圈向外擴散，倒也別有情味。不止於以上幾盞燈能發光，當黑夜來臨時，燈屋裡，每一盞都投射出它們各自的光和影；而由於它們交輝互放的光芒，「燈屋」遂形成了，竟造成它相當的「知名度」哩！

# 「燈屋」與我

羅門

本來「燈塔」是設在海港裡，引領海上歸航的船隻進港的，而我在三十多年前，把生活的家居，命名爲「燈屋」，究竟與「燈塔」有沒有關係？難道在燈的種族中，它們有相同的血源？

記得四十四年四月十四日星期四下午四時，我同當時早已聞名的女詩人蓉子，在臺北—長安東路那座古老的禮拜堂舉行婚禮，當我們的禮車，逐漸駛近禮堂，也許我寫詩喜歡想像的緣故，雙目望著禮拜堂十字架尖頂放出的光，便聯想到我們也像是朝著「燈塔」開進安平港的一隻帆船。爲了紀念這難忘的時刻，我後來便在家裡特別製作一座具紀念性形如「燈塔」的燈。這座燈，足足花了我一天的時間，高度是從地板直達天花板，是用許多鋸好的木條，釘成一具有層次美的兩段方形木柱，然後將一輪圓大的籐椅，高舉到柱頂，再在圓椅裝置幾盞亮如星朵的燈。

當這座形如「燈塔」的巨燈，於結婚那年的四月裡，開始在夜裡放光，我們的住屋，便也開始叫「燈屋」了。而這座燈，我們無論搬了多次家，三十多年來，它都一直跟隨著我們，像一座象徵性的「燈塔」，以溫馨的光，照耀在我們生活的航道上。

這座燈的出現，它的確具有「燈」的表率作用，便也使我後來將屋裡所有的燈都改造成像它一樣有裝置藝術（INSTALLATION）的美感。就是王潤華教授夫婦早年從美國帶回贈送我們的那盞已相當好看的燈，我也將它重新整形改造，排除燈飾店的匠味，使它接近藝術特殊的原創性而呈現另一種美。

就這樣「燈屋」隨著燈的增多，配合壁間不少的現代畫以及家中的傢俱與用品，都多經由藝術性的處理、製作與安排，便自然使「燈屋」成為具藝術色彩的立體生活空間。尤其是頂樓採用包浩斯觀念，以繪畫雕塑與建築等三種視覺藝術功能所架構的整個具體的美感空間，不但具有現代藝術創作的形態，而且整體看來，也是一首可用眼睛來看的視覺詩。

目前「燈屋」已有數十種造型不同的燈，這許多燈，完全與燈飾店的燈劃開界線。至於使用的材料，大多是廢棄物，有些丟在屋外，撿破爛的也不見會要。

說來也頗有趣，以廢棄物為主，架構成的「燈屋」生活造型美感空間，連一套像樣的沙發都沒有，但這些年來，「燈屋」曾兩度上電視，臺灣所有的報紙，都幾乎有過報導；三十種以上的雜誌（其中包括臺灣所有著名的大型生活雜誌）也有過特別專訪與報導。尤其是歷史最久以報導家庭裝潢著名的「摩登家庭」大型雜誌，曾拍「燈屋」做封面，並以不少篇幅予以圖文介紹。此外，登載房屋資訊的「房屋情報」雜誌，也曾在封面頁以圖文做大幅的報導；「新潮」大型設計雜誌，在「燈的發明小史」專輯中，介紹古代、現代以及國內設計的燈，也給最多的篇幅，介紹「燈屋」；「第一家庭」巨型生活雜誌，也以大的版面更詳盡的報導「燈屋」……。這樣一來，「燈屋」便的確隨著歲月沾上一些傳奇性與名氣了。同時，由於常有一些愛好文藝的青年到「燈屋」來談詩，以及學者、教授、名詩人、名作家、名畫家、名音樂家、名導演、名雕刻家、名理論家等的光臨，甚至進入世界美術史的西方眼鏡蛇畫派畫家歌賀內依（CORNEILLE V.B.）與法國著名藝術家與詩人隆貝荷（J.C.LAMBERT）以及來市立美術館展覽的瑞士畫家都曾到過「燈屋」，這多少又給「燈屋」多加進另一些光彩。

寫到這裡，難免回想起「燈屋」在製作的整個時間流程中，個人眞實的感受與所經歷的種種有趣的事情。

或許誰也不會相信，我寫詩，有時還會扮演木工、水泥工、油漆工、電工，甚至鐵工那種辛苦的工作角色，但爲了製作「燈屋」的構想，我不能不這樣。因爲自己動手，可省錢，同時，每樣東西經自己的手出來，既有感情也印象深刻。

基於這個念頭，我常沉迷於這種「美」的行動與工作中，有時連自己也不敢相信。我曾從早到晚進行整個「燈屋」的油漆工作，忙了一天，不覺得累；多年前，我曾爲了省兩萬元，自己花三千多元買木材等材料，一天內架起一個頂棚；也曾爲修補與防範風雨，提一桶桶水泥爬上屋頂，在太陽下整整工作好幾個小時。

當然更使我一直忘不了的一次工作，是有一天下大夜班，我看到油公司丟棄一堆破濾油管，便選了一部份搬回家。回到家，卻不休息，匆忙的往樓上跑，拿出剪刀、鉗子與鋼鋸開始工作，先將濾油管的鐵絲與膠皮剪去，然後用鋼鋸依長短來鋸，一種奇異的吸力，使我忘去上大夜班的疲累，一不小心便把手鋸破了，血流如注，嚇得蓉子成了手忙腳亂的外傷醫生。

後來，這盞燈造成之後，我一面望著它美的造型，一面想起一位雕塑家利用機械力完成的一件作品，因覺得太冷，好像自己不在裡邊，便用手將作品的頂端劈掉，讓血流到作品裡去，方感到滿意。這一想，便也使我造的這盞燈（除了第一盞燈）較燈屋裡所有的燈，都多了一層意味，因爲它流動的光彩中，也滲入我爲它流過的血，記憶便不能不鮮明了。

其實「燈屋」在記憶中，也有一些使我感到相當有趣也有情的事。譬如有一次我看到一個鄉下老人挑著花盆在叫賣，卻賣不掉一兩個，又很苦的樣子，我便把他將近十個同型的朱紅色大小花盆全部買下來，疊成燈柱。這樣，他可早點回家，「燈屋」也多了一盞「同情」的燈；又有一次，我在中華路，看到店裡一些尚未完成的蒸籠圓框，便大大小小買了幾個，不料遇到機關同事，正好我又是剛退休下來，他便很認眞的問我：「詩人，你改行開麵館，我來入股」，我打趣的回答他：「我才不開麵館，這些蒸籠是拿來做燈的，要蒸的不是包子、餃子，而是一籠籠好看的燈光」。後來這盞由蒸籠造的螺旋型的燈，的確是「燈屋」非常奪目的一盞燈。每逢客人進「燈屋」，最先上的，不是茶，而是一盤盤剛出籠的光。

此外尚有一些談到「燈屋」的趣事，有人認爲「燈屋」的燈，的確很好看，只是屋內看不到花。說話的人往往會把他家中好看的花送一些給我們，蓉子是很喜歡，我反而感到爲難。因爲「燈屋」已開滿了燈花，不同屬類的花進來，會格格不入，反而破壞「燈屋」的美感，所以凡是花木，我都不擺放在屋內，都將它送到屋頂的露臺，去同陽光雨露相處。這樣，雖能保持「燈屋」整體性的美，但我想到蓉子那麼愛花，她買回的花，又只能放在臥房，不能放在開放的客廳裡，我內心的確也有些內疚。於是，在堅持「燈屋」的整體性美感，我還是同意過年、過節、生日與結婚紀念日，客廳是可放些應景的花，散發些喜氣。

也有一些做生意賺錢的朋友說：「『燈屋』裝那麼多古怪破舊的燈，又不夠亮。還是丟掉幾盞，我送一盞又亮又好看的給你」，他後來眞的送給我一盞名貴的貝殼燈，我實在想退還給他。如果拿來用，也必須把俗氣的地方去掉，另配上一些器物重新組合，的確，再豪華與名貴的鑽石燈放在「燈屋」裡，那不但不美反而是一種醜，「燈屋」就是對藝術的美特別敏感，一俗氣立即抗拒。

也有人問我，幾乎是第一次來「燈屋」的人都這樣問我：「你燈屋裝那麼多燈，政府提倡節約能源，那不是太浪費電嗎？」我必須向他們解說：「不會的，因爲那些燈多採低光度，而且大多是用來招待客人眼睛的。平時並不全部開；除非我不寫作、不看書、不做別的事，想單獨與整個「燈屋」坐在光裡聽音樂與享受，才會把所有的燈打開。

也有人問我（多是喜愛文藝的青年朋友）：「你怎麼會想到用廢棄物做那麼多燈，這些構想與動機是如何產生的」。我的回答是：「藝術能將任何東西轉化成爲「美」的存在，我們之所以覺得某物好看，是因爲它的形象好看；而潛藏在我們視覺中的那許多多「美」的形象，是無限的，只要我們能以藝術的力量，去溶化它們進入整體性存在的「美」的結構與形態之中，便能成爲好看的藝術品。「燈屋」便是由許多不同的燈與其他物象的「美」的造型所組合而成的。當我要求「外在」與「內在」的生活空間都一樣呈現美時，創造「燈屋」的動機與構想，便自然產生了。

更有人進一步問我（多是內行的藝術家與詩人）：「你造那麼多不同造型的燈中，有沒有象徵性的精神意義……」，這一問，便的確問到燈的心裡去了。這些燈確有象徵意義，但要每一盞都說較費事。大體上，是有兩個最基本的造型象徵意義：一是不斷以直線向頂端伸展的「直展型」，它象徵人類不斷向上突破與超昇的「尼采式」的精神狀態；一是以圓形不斷向上下迴旋的「螺旋型」，它象徵著人類心靈不斷向深遠與奧秘世界探索的精神狀態。若用詩來說出這兩種造型在心與燈中所觀照的情景，那可能是這樣的：「光以直線帶著眸子到天頂去看尼采超越的心；光以「圓」抱著眸子，一同去看王維圓渾的詩。」

當然還有問下去的問題，但再問下去，就得讓「燈屋」也參加在旁一同來回答。

蘇東坡的「明月如霜，好風似水」，「燈屋」也想把燈光，調到像月亮那樣柔和，甜美如能給眼睛醉飲的酒。當所有的燈，隨著泉水般的音樂，以不同的光影投射在天花板與牆上，同壁間色彩鮮明的畫，交映成可見的交響曲，此刻，如一人獨坐沈思，會不會浮來「深林人不知，明月來相照」的情景；如和一群朋友夜談，會不會有一隻燈火通明的遊艇，載著話語笑聲，浮過鍍著月光的威尼斯水城。如果夜再深再靜下去，我與蓉子仍在詩中沉思；「燈屋」便會在想像中，變成了一隻在光之旅中、向茫茫時空航行的船，並一路讀著這段詩：「在無邊的時空之旅中／眼睛帶有畫廊／耳帶有音樂廳／什麼行李也不必帶了／這樣　雙手可空出來指天劃地／雙腳可舒放在天地線上／頭可高枕到星空裡去／把世界臥成遊雲／浮著光流而去／日是堤／月是岸／登步上去。光就住那裡／那裡就是『燈屋』………」。

詩讀完，夜更深，世界更靜，我也靜靜躺在「燈屋」的光中，望著親手造的每一盞燈，聽著燈的光輪與歲月的年輪，從三十多年前一直向我滾過來。當每盞燈都在問我：「再一個三十多年後，誰來開燈？」望著滿屋靜謐的光影，我不能回答，蓉子也不能回答，誰又能回答？我說交給詩吧！蓉子說，只能交給上帝。

# II

# 藝文生活影像

羅門・蓉子著作用詩
疊架燈屋的歲月

羅門・蓉子作品譯成中文名列國內外名人傳與辭典

# 引言

如果說這部系列書中的詩與論文著作，是構成我創作生命的主要建築物，則由「燈屋藝術造型空間」與「藝文生活影像」所合成的這本書，便是圍繞在這座建築物周圍的一些有點綴性與回憶性的景象。

蓉子畫像（席德進畫）——永遠的「青鳥」

蓉子攝於十歲　飛進校園中的小青鳥——蓉子讀高小時

蓉子3歲時，蠕步在父親身邊的小青鳥

飛進「辦公室」的青鳥　蓉子攝於民國39年

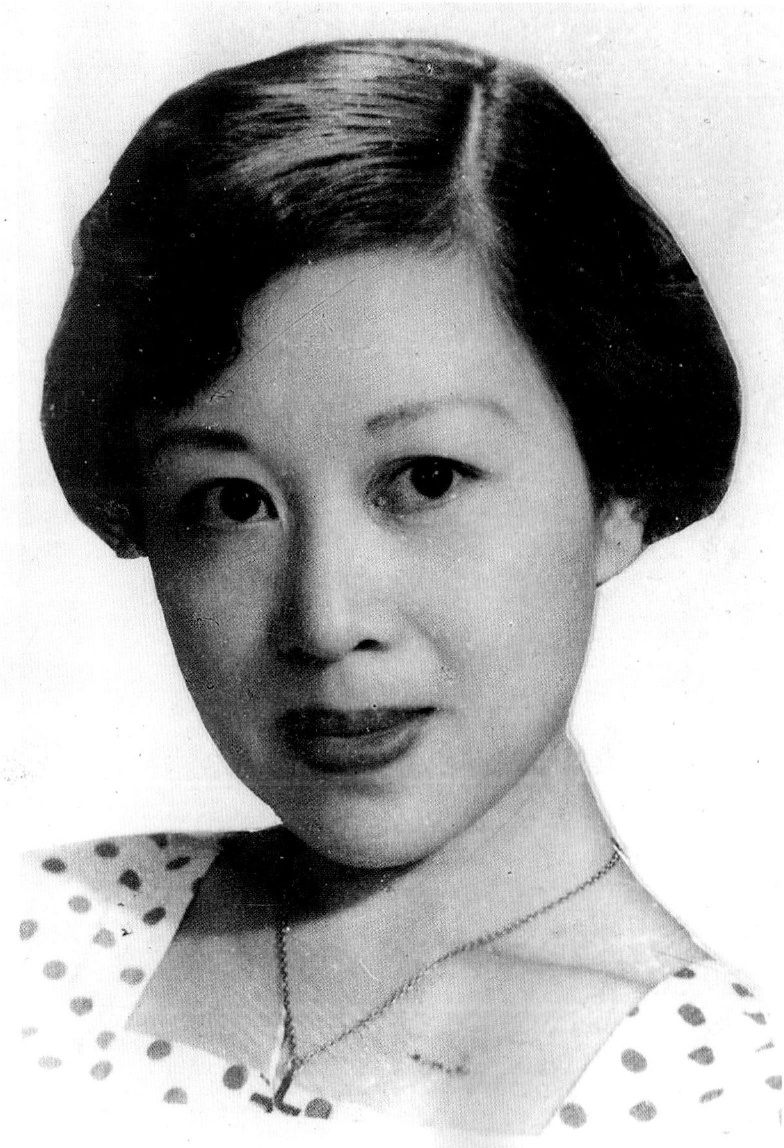

蓉子攝於43年——飛入愛情世界的青鳥

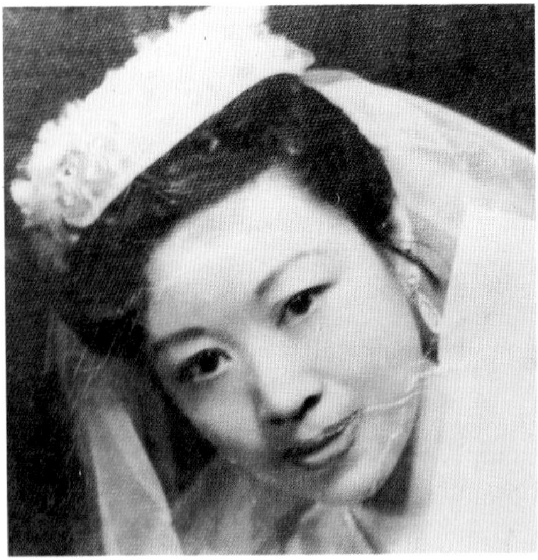

飛進結婚禮拜堂的青鳥
——蓉子攝於44年4月14日
（星期四、下午四時）

飛進廚房當主婦的青鳥——蓉子攝於婚後十年

蓉子攝於民國51年

蓉子攝於民國52年

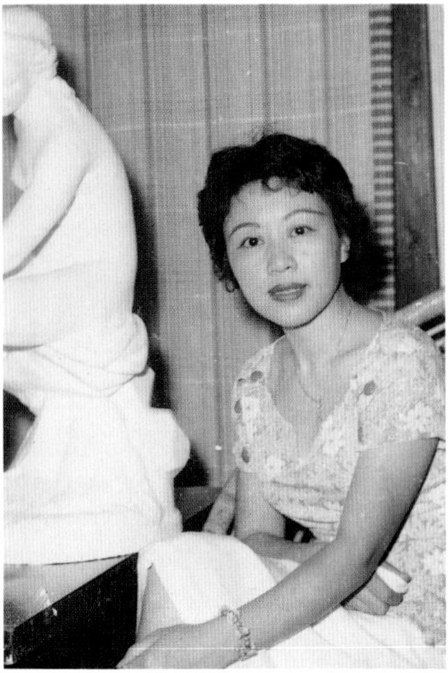

蓉子攝於民國48年

蓉子攝於民國49年

蓉子於民國六十五年出席在美召開的
第三屆世界詩人大會攝於美國電影城

蓉子攝於民國七十四年

蓉子攝於民國53年

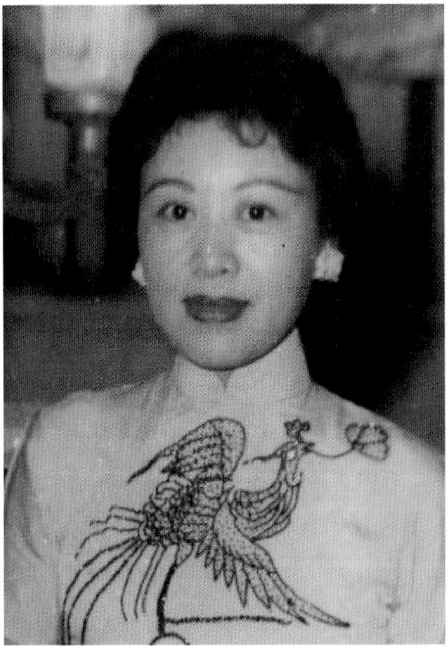

蓉子攝於民國55年

羅門畫像（該像是民國39年羅門當空軍足球代表時畫）

羅門攝於民國41年

羅門攝於民國42年

羅門攝於民國43年

羅門攝於民國48年

羅門攝於民國52年

羅門攝於民國54年

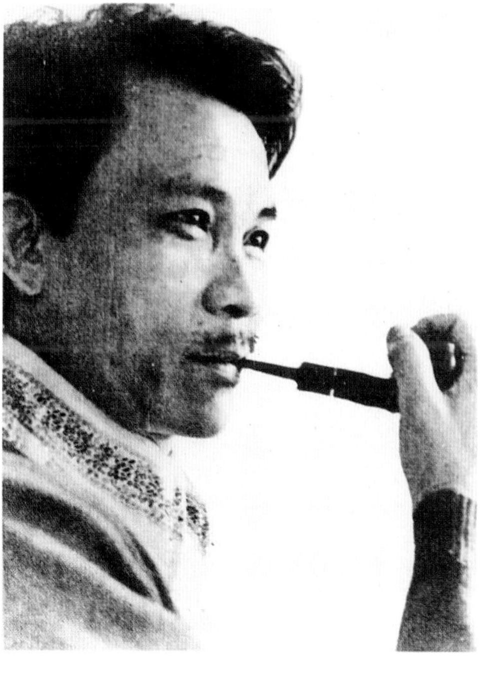

羅門攝於民國65年

羅門攝於民國68年

羅門攝於民國71年（澎湖海邊）
任文藝營指導

民國38年隨空軍來臺降落岡山時留影，
繼續在岡山空軍飛行官校29期學習飛行

民國56年在美國奧克立荷馬（OKLAHOMA）FAA
民航中心航空失事調查學校受訓

56年擔任GAT B727
型機在林口重大失
事的調查工作

羅門、蓉子於民國四十四年四月十四日星期四下午四時
在臺北市長安東路一座古老的教堂裡舉行婚禮

蓉子婚後與羅門赴日月潭旅遊——攝於47年

民國54年羅門、蓉子攝於結婚十週年紀念日

羅門蓉子結婚20週年攝於燈屋（民國六十四年）

民國七十七年元月赴菲演講攝於菲律賓總統官邸舊址

蓉子於民國七十七年四月十四日星期四
下午四時（就33年前結婚的時刻）接受
國家文藝獎——由前副總統謝東閔特頒

羅門民國八十年十一月十一日接受中山文藝獎
由前副總統謝東閔頒發

民國六十五年參加由美國舉辦的世界詩人大會，與大會榮譽主席美國著名詩人艾伯哈特（RIEHART EBERHART）在會場合影，由左至右為蓉子、艾伯哈特、柯肯教授及羅門。

民國64年羅門，蓉子參加在臺北市召開第二屆世界詩人大會與美國名詩人赫兒（HILL）在臺北圓山飯店合照

蓉子在五十八年在馬尼拉舉辦的第一屆
世界詩人大會上朗誦作品

蓉子民國五十九年六月十五
至廿一日參加在臺北召開的
第三屆「亞洲作家會議」，
並宣讀有關詩的論文（英文）

蓉子在臺北召開的第三屆
「亞洲作家會議」上同諾
貝爾獎得主日籍川端康成
與國外女作家合照

上下民國八十年秋蓉子於土耳其伊斯坦堡舉行的詩人大會上講話和朗誦，傍為翻譯家王曼施女士

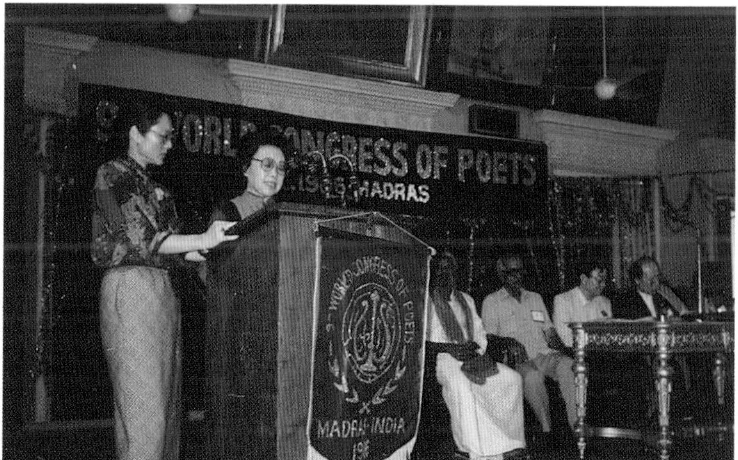

民國58年羅門，蓉子參加在菲召開的第一屆世界詩人大會，
會晤菲前總統賈西亞

民國五十五年（1966）年——同蓉子被UPLI譽為「中國傑出的文學伉儷」，由菲駐華大使劉德樂在大使館舉行頒發菲總統馬可仕金牌獎

民國58年羅門，蓉子參加菲召開第一屆世界詩人大會，在菲總統官邸與外國代表合照其中有來自美國、英國、法國、蘇聯等代表

蓉子58年在尼拉舉辦的第一屆世界詩人大會與大會部份詩人合照(最中央者)

民國五十八年（1969）同蓉子被選派為中國五人代表團，出席在馬尼拉召開的第一屆詩人大會，並被大會譽為「世界詩人大會傑出文學伉儷」，獲菲總統大綬勳章

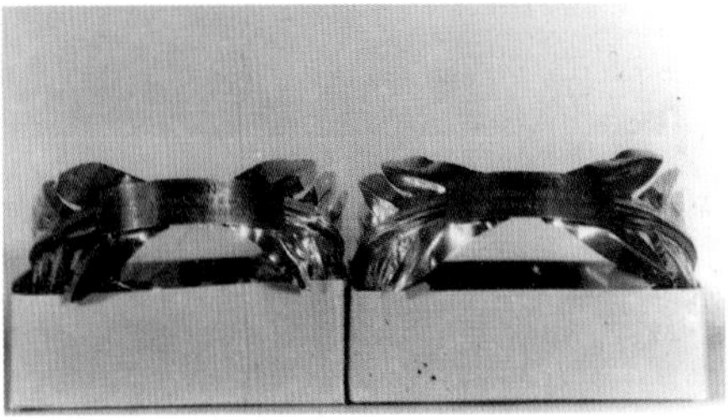

民國六十五（一九七六年）六月間同蓉子出席在美召開的第三屆世界詩人大會，獲大會特別獎與接受大會加冕（接受美國之音記者專訪）

「麥堅利堡」詩，被
國際桂冠詩人協會譽
為近代的偉大之作，
56年獲得該會榮譽獎
及菲總統金牌獎

Lomen
Cited for his great poem 'Fort Mckinley'
Gift from
Philippine President
(1967)

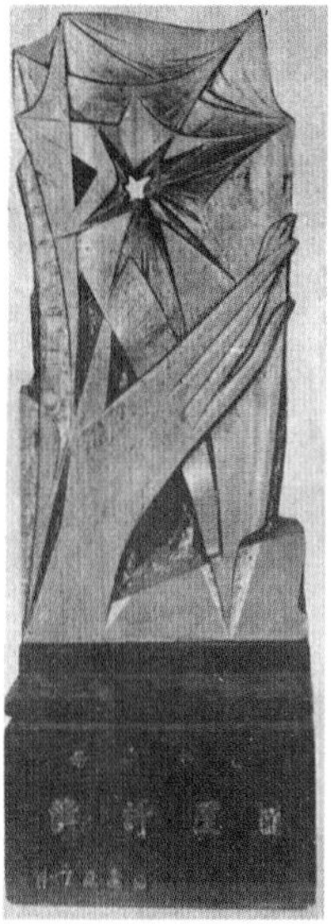

47年獲藍星詩獎
Won the Blue
Star Prize
in 1958

55年與蓉子被國際桂冠詩人協會譽為傑出的
文學伉儷，獲得該會榮譽獎及菲總統金牌獎

Lomen and Yungtze
(Distinguished Literary Couple of China)
Gift From H.E. Philippine President
(1966)

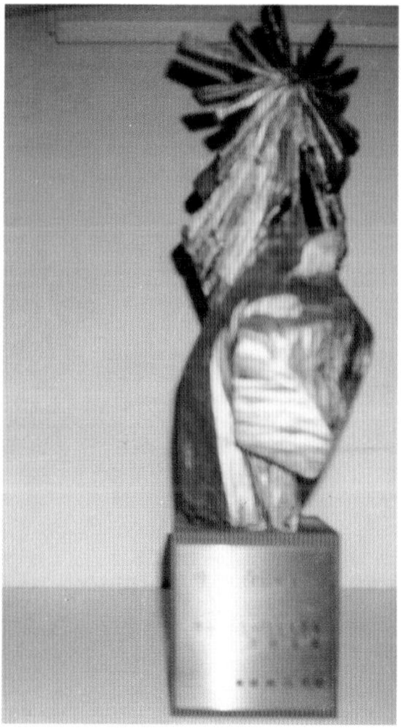

七十七年「整個世界停止呼吸在起跑
線上」獲得時報文學獎新詩推薦獎

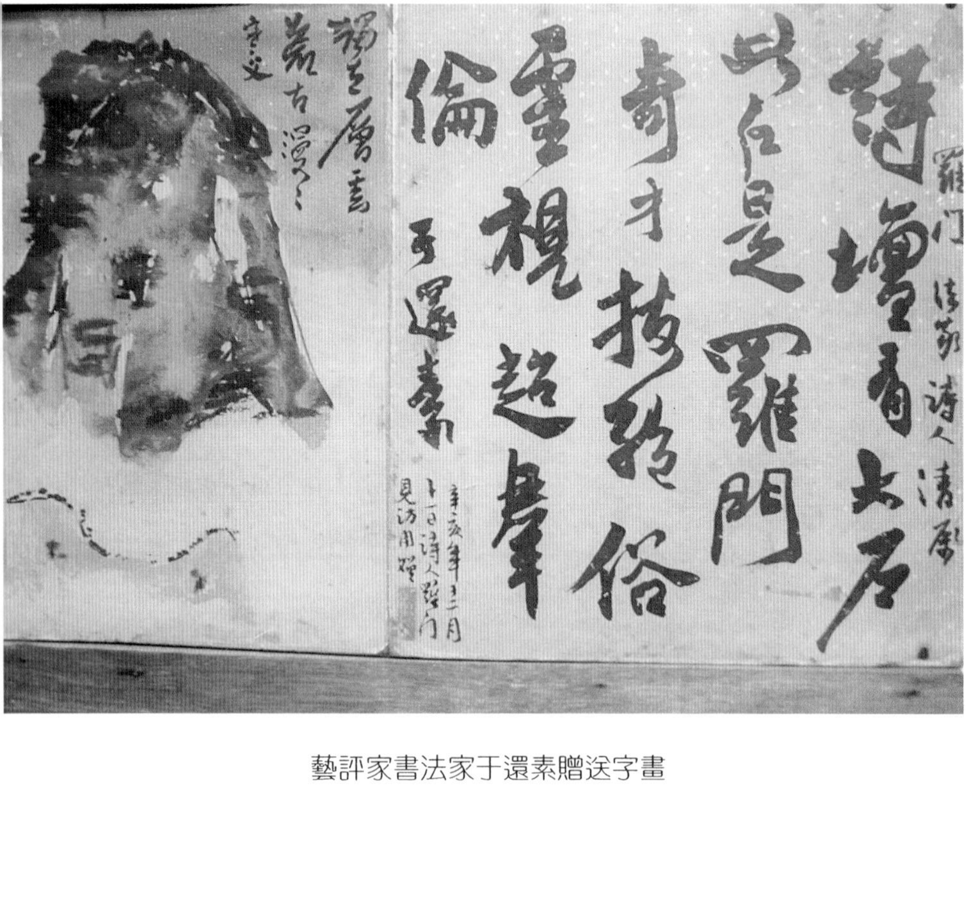


藝評家書法家于還素贈送字畫

民國五十四年蓉子應邀為三位女作家代表訪韓（左散文家潘琦君、中小說家謝冰瑩。）

民國七十三年應港大黃德偉博士邀請赴港大進行三場現代詩演講：余光中夫婦與黃博士在香港啓德機場送行

**上**鄭愁予、夏菁、羅家倫、鍾鼎文、覃子豪、美莊萊德大使、胡適、紀弦、大使夫人、羅門、余光中夫婦、葉珊（楊牧）、蓉子、周夢蝶、夏菁太太、洛夫（攝於美大使招待酒會）

**中**前排：蓉子、淡瑩、梁實秋夫婦、敻虹、後排：瘂弦太太、王潤華、羅門

**下**左：作家葉蟬貞、張心漪、蓉子、王文漪、謝冰瑩 ●

右前排：蕊心、鮑小暉、蓉子、趙淑敏、杏林子、郭晉秀、唐潤田

後排：林倩、徐薏藍、季季、陳克環、王文漪、嚴友梅、劉枋、小民、胡宗智

上顏元叔、楊牧、羅門、王文興
中黃維樑、羅門、鍾玲、余光中夫婦、黃德偉、劉國松　●　藍星仝人：前排羅智成、蓉子、天洛、陳正雄、方明、苦苓、後排：羅門、余光中、向明、吳宏一、方莘
下蓉子、羅門、羅青、黃德偉　●　羅門、蓉子、黃德偉、白萩

上詩人羅青、羅馬、張默、洛夫、林明德教授、王潤華教授、詩人管管、淡瑩、羅門、蓉子、沈謙教授、陳慧樺教授、詩人瘂弦、林豐楙教授、張漢良教授、詩人方莘

中張漢良教授、羅門 ● 羅門、莊因夫人、蓉子、莊因教授

下詩人管管、林泠、羚野、瘂弦、羅門 ● 羅門、蕭蕭

上 前排羅門、楊牧教授、張蘭熙教授、二排（中）舞蹈家林懷民、後排瘂弦夫婦、蓉子、楊牧夫人、王文興教授 ● 羅門、畫家賴純純、王藍、前副總統謝東閔（在龍門畫廊晤談）

中 羅門、李瑞騰教授 ● 羅門、小說家朱西寧

下 楊萬運教授、戴維揚教授、羅門 ● 詩人王一桃、羅門、蓉子

上服裝設計師洪麗芬、音樂家李泰祥、畫家林泰宇 ● 馬莊穆教授、畫家陳正雄、造型藝術家胡宏術教授、藝評家王秀雄、羅門

中陶曉清音樂家李泰祥、散文家張曉風、羅門 ● 葉維廉教授、羅門

下左第二人羅青教授、羅門 ● 胡茵夢、畫家張杰、羅門

上雕塑家何恆雄、羅門（在何教授作品與羅門的詩作前）
中羅門、畫家霍剛 ● 夏陽、女畫家洛貞，羅門
下畫家顧重光、羅門、畫家洛貞、雕塑家何恆雄夫婦 ● 詩人羅馬、羅門、畫家黃華成、李錫奇、詩人林綠

上羅門、評論家王秀雄、畫家陳正雄、評論家王哲雄
中羅門、畫家莊普、陳延平、胡坤榮、莊喆
下羅門、畫家丁雄權　●　羅門、畫家蕭勤

上 後排畫家莊普、羅門、畫家張永村、畫家林壽宇、前排春之廊工作仁員
中 鄭明娳教授、蓉子、羅門、雕塑家朱銘、旅行家馬中欣
下 朱銘、羅門

**上**曾永義教授、評論家劉登翰、羅門、蓉子 ● 出版家彭正雄、羅門、龔鵬程教授

**中**蓉子、羅門、鄭樹森教授 ● 朱炎教授、羅門、吳宏一教授

**下**羅門、詩評家林亨泰 ● 詩人林燿德、羅門、評論家孟樊

上前排：張漱菡、李芳蘭、林海音、蓉子、王文漪
　後排：章一苹、武月卿、艾雯、侯熔生、劉枋、
　　　　黃媛珊、琦君、劉咸思

中蓉子、蘇雪林教授、羅門

下前排：詩人羚野、羅青父親、葉公超教授、紀弦
　後排：林亨泰、張默、瘂弦、羅門、蓉子、洛夫
　　　　、羅馬、白萩、余光中、辛鬱

**上**詩人林冷、鍾玲教授、蓉子　●　龔書綿、小說家林海音、蓉子、鍾麗慧、唐潤鈿

**中**前排韓國作家、小說家謝冰瑩，後排詩人蓉子、散文家潘琦君　●　張錦郎、唐潤鈿、劉靜娟、青年作家、華嚴、邱七七、蓉子、羅門

**下**蓉子、小說家華嚴、散文家王文漪、張秀亞、葉蟬貞

民國七十八年六月蓉子擔任亞洲華文女作家文藝交流會暨
婦女寫作協會會員大會主席

蓉子民國七十四年代表「世界藝術文化學院」在文建會
為來我國訪問的烏拉圭女詩人范愛瑪加冕

上 七十七年元月羅門蓉子應菲文藝協會理事長施穎洲邀請赴菲講演
下 七十七年元月羅門蓉子應邀赴菲演講，接受千島詩社仝人晚宴

民國七十八年四月十五日蓉子應邀參加光復書局與耕莘青年寫作會合辦的「文藝季系列講座」邁向二十一世紀的靈動，第一場演講

七十三年蓉子赴香港大學演講，
同鍾玲教授與部份同學合照

民國八十年十月間，配合國際大師米羅作品在臺北市立美術館展出，羅門特邀在該館做專題演講

寶象文化公司製作公共電視「詩人專輯」，羅門陪同該機構TV拍攝小組於民國79年八月間專程飛往馬尼拉拍攝「麥堅利堡」詩創作的背景畫面，並在場朗誦該詩

羅門民國七十七年十月應邀往巡迴大陸演講與座談，曾在上海看到施蟄存教授。（七十七年十月三十日）

七十七年十一月七日晚在北京東方大飯店舉行的晚宴上，同卞之琳、宴明兩位前輩作家合攝

羅門與林耀德民國七十七年十月往大陸演講與座談，在北京十一月七日晚曾到府上看到詩人馮至教授

羅門民國七十八年十月應邀赴大陸海南廣州、上海、北京、廈門等地的著名大學、文聯、作協、社會科學院等舉行近三十場包括演講與座談會。於十一月下午七時在北京東方大飯店舉行盛大宴會，席中到有大陸著名作家艾青、卞之琳、謝冕、袁可嘉、高瑛、古繼堂、晏明、劉湛秋、雷霆等（這次大陸文學之旅，同去的有傑出詩人林燿德）

民國七十七年十月羅門應邀往大陸演講與座談接受北京作協宴會由會長北大教授謝冕主持

上羅門與林燿德在暨南大學講演後，同該校副校長饒芃子與多位教授們合照(七十七年十月廿七日攝於廣州)
中羅門與林燿德在復旦大學演講後同該校賈植芳等多位教授合照（七十七年十月廿八日攝於上海）
下羅門與林燿德在厦門大學演講後同該校校長與林興宅等教授合照（七十七年十一月十一日攝於厦門）

**上**羅門、蓉子、冰心前輩作家、名散文家陳祖芬
（八十三年六月廿日在冰心家中合照）

**中**散文家陳祖芬、蓉子、羅門、小說家王蒙、北京市美館館長楊力舟（八十三年六月廿四日攝於北京美術館）

**下**在北京市美館陳正雄畫展開幕禮上講話，與會貴賓有王蒙與現副文化部長劉德存及美術界知名人士（八十三年六月廿四日）

羅門蓉子應邀參加由劉夢溪所長所主持的中印
文學研討會（攝於八十三年六月廿五日）

羅門蓉子應邀在西安西北大學講演（八十三年七月一日）

上羅門、評論家劉再復、蓉子（八十三年拍於圓山飯店）　●　羅門、唐翼明教授、魯樞元教授、劉夢溪所長（八十二年八月攝於海南島東坡書院）

中王中忱教授、唐玲玲教授、白燁評論家、蓉子、羅門、周偉民教授（八八十三年六月攝於北京和平旅館）　●　詩人黃孟文、羅門、蓉子、詩人公劉、作家林木海、評論家古濟堂、胡時珍（攝於八十二年八月海南東坡書院）

下朱徽教授羅門及兩位大陸研究員（攝於香港，八十一年八月）　●　羅門、詩人辛笛夫婦、蓉子（攝於上海，八十三年）

羅門蓉子民國八十三年七月九日乘船遊三峽

民國八十三年七月六日在成都同步出版「羅門100 首詩賞析」（朱徽教授著）的首發式，羅門蓉子應邀參加，由四川作家協會、四川文藝出版社、四川聯大中文系、四川企業文化促進會合辦，四川作協副主席孫靜軒主持，到老、中、青著名詩人以及學者教授等數十人，羅門蓉子並做專題講演。

上在IOWA大學舉辦的作家交流會，於紀念該組織廿五週年酒會上，詩人RONNY SOMECK、會議主席布雷斯・克拉克（Dr. CLARK BLAISE）

下酒會上與各國部份作家合照（八十一年十月十四日）

上 IOWA大學召開世界作家交流會，羅門、蓉子在IWP25週年紀念宴會上同主任克拉克布雷斯（右二）與日本名小說家SOH AONO（右一）合影（八十一年十月十四日）

下 在IOWA世界作家交流會，羅門蓉子合送著作27種給愛荷華大學圖書館，由該館正副館長DR. SHELLA CRETH, DR. ED SHREEVES（右2、1）及該館中文部主任周欣平博士接受贈書（八十一年十一月三十日）

**上**在IOWA大學舉辦的國際作家交流會，羅門蓉子攝於作家遊覽密西西比河的遊艇上（八十一年十月廿一日）

**下**國際作家經常在週末舉行的聯誼交談酒會，此次在該組織女秘書辛迪（CENDY）家中（八十一年九月十三日）

蓉子、羅門在IOWA大學舉辦的國際作家交流會
朗誦作品情形（八十一年十月二十九日）

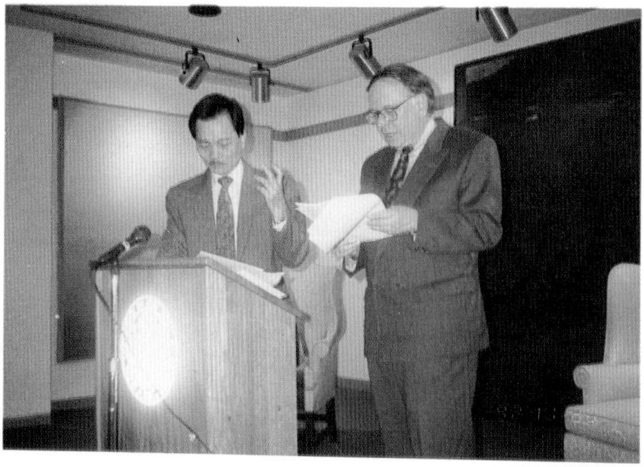

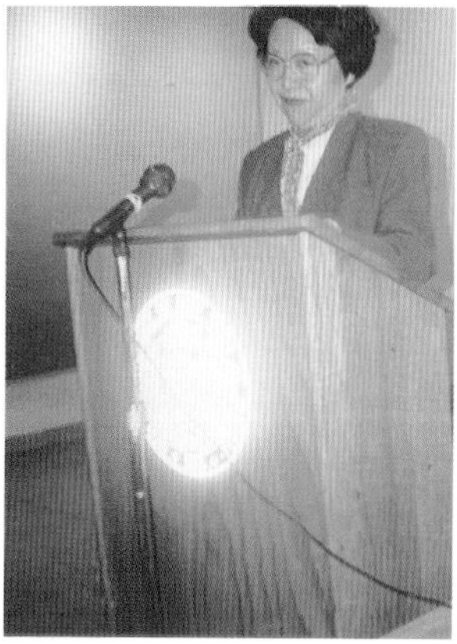

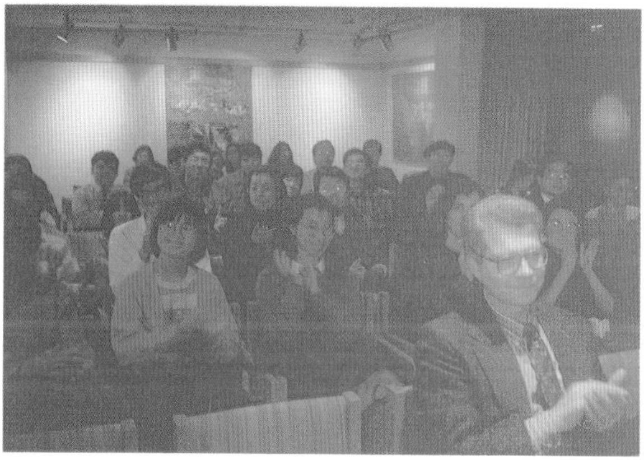

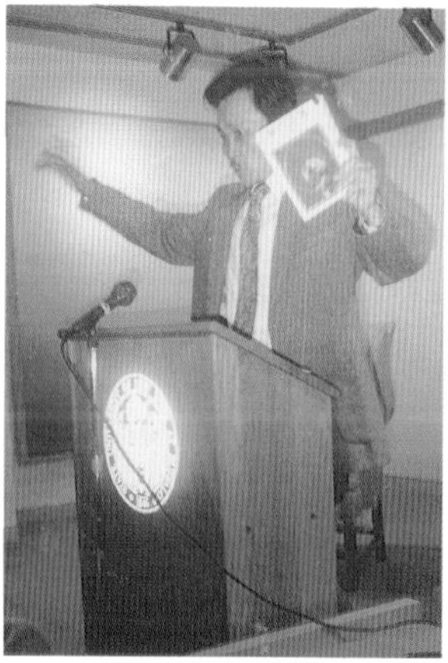

羅門蓉子應水牛城州立紐約大學邀請
由IOWA飛往該大學講詩與朗誦作品
（八十一年十一月廿日）

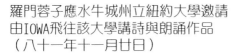

上蓉子應邀自IOWA飛往亞特蘭大大學講詩與讀詩
（八十一年十一月五日）
下蓉子應邀自IOWA飛往俄亥俄大學講詩讀詩後接受該校教授接待
（八十一年十一月十一日）

羅門、蓉子參加IOWN大學擬辦的國際作家交流會，自八十一年八月廿九日到十一月卅一日，三個月，住在WALDEN PLACE新建的別墅式公寓，環境幽美安靜。入冬窗內屋外一看雪景。

羅門蓉子從IOWA飛拉斯維加，參加小型旅行團
遊覽大峽谷（八十一年十月五日）

参加“罗门、蓉子的文学世界”学术研讨会学者专家留影

一九九三年八月六日于海南大学

羅門、蓉子同青年文藝作家對談
（民國八十二年八月六日）

羅門、蓉子詩朗誦晚會剪影
（民國八十二年八月六日在
海南大學東坡水莊）

上羅門詩配合馬中欣攝影在會場舉行小型展
下劉夢溪、陳祖芬夫婦、周偉民、唐玲玲夫婦、
蓉子、羅門（民國八十二年八月六日）

羅門童年舊居（文昌縣地泰村）

與會代表們造訪羅門童年舊居（文昌縣地泰村）

國立中央圖書館出版品預行編目資料

燈屋・生活影像 / 羅門編著. -- 初版. -- 臺北市：文史哲，民84
面；　公分. -- (羅門創作大系；10)
ISBN 957-547-950-5(平裝)

855　　　　84003306

羅門創作大系 ⑩

# 燈屋・生活影像

編著者：羅門
出版者：文史哲出版社
登記證字號：行政院新聞局局版臺業字五三三七號
發行人：彭正雄
發行所：文史哲出版社
印刷者：文史哲出版社
台北市羅斯福路一段七十二巷四號
郵撥○五一二八八一二彭正雄帳戶
電話：三五一一○二八

實價新台幣三六○元

中華民國八十四年四月十四日初版



ISBN 957-547-950-5